CÓMO
MANEJAR
PERSONAS
DIFÍCILES

CÓMO

QUÉ HACER CUANDO

MANEJAR

LA GENTE TE PONE

PERSONAS

EL DEDO EN LA LLAGA

DIFÍCILES

DR. JOHN TOWNSEND

Vida®

La misión de Editorial Vida es ser la compañía líder en comunicación cristiana que satisfaga las necesidades de las personas, con recursos cuyo contenido glorifique al Señor Jesucristo y promueva principios bíblicos.

CÓMO MANEJAR PERSONAS DIFÍCILES
Edición en español publicada por
Editorial Vida – 2008
Miami, Florida

©2008 por Editorial Vida

Originally published in the USA under the title:
Handling Diffi cult People
© 2006 by John Towsend
Published by Integrity House, a Division of Integrity Media, Inc.

Edición: *Gisela Sawin Group*
Diseño interior: *Gisela Sawin Group*
Diseño de cubierta: *Cathy Spee*

ISBN 978-0-8297-5141-3

Categoría: Vida cristiana/Relaciones

IMPRESO EN ESTADOS UNIDOS DE AMÉRICA
PRINTED IN THE UNITED STATES OF AMERICA

11 12 13 14 ❖ 6 5 4 3 2

CONTENIDO

UNA LISTA DE LA REALIDAD

¿Te relacionas con alguien que a menudo hace que tengas varios de estos sentimientos? (Seleccione mentalmente, los puntos afirmativos).

- ☐ Frustración
- ☐ Impotencia
- ☐ Temor
- ☐ Soledad y aislamiento
- ☐ Ansiedad
- ☐ La sensación de que las cosas están fuera de control
- ☐ Culpa
- ☐ Confusión
- ☐ Enojo

Si has seleccionado muchos puntos, o al menos uno solo, que pesa mucho y con frecuencia en tu mente, entonces este libro es para ti. Aunque las reacciones enumeradas anteriormente no crean una lista completa de señales de alerta, representan los tipos de sentimiento que indican que existe una dinámica enfermiza en una relación importante en tu vida que está causando problemas importantes para ti, y tal vez para otros.

Es muy posible que estas reacciones digan más de tu propio estilo de relacionarte con otros que de la otra persona. Pero si es verdad, en la realidad objetiva, que existe alguien importante en tu vida que hace muchas cosas alocadas e incluso destructivas, entonces necesitas ayuda para tratar con personas que alteran.

Mi deseo y oración en este libro es que comiences a encontrar los recursos para no sólo entender tu situación, sino también desarrollar un acercamiento a la relación que ayude a la persona difícil a cambiar de una manera positiva, y, a ti, a crecer y modificarte.

¿Será fácil? Los cambios raramente lo son. Pero son posibles, siempre que abracemos principios que fluyan del carácter, la gracia y las palabras de Dios. Recién en ese momento comenzamos a ser las personas en crecimiento que pueden ejercer influencia positiva en otras y en las relaciones.

Si vas a «tratar» con ese individuo difícil en tu vida, el momento de comenzar es ahora.

CAPÍTULO I
SÉ HONESTO ACERCA DE LA VIDA CON PERSONAS DIFÍCILES

Dios se ha dedicado durante siglos a cambiar a las personas

Sheryl, la hermana menor de Sonya, cambia con frecuencia de planes sin decirle nada. Sonya ha comido sola más de una vez cuando se suponía que ella y Sheryl saldrían a almorzar juntas; Sheryl se mantiene ocupada con trabajo en la casa, continúa su tarea durante el horario del almuerzo y no llama. El fin de semana pasado, Sonya y su esposo se habían arreglado y estaban listos para salir a cenar, y se suponía que Sheryl cuidaría a los niños. Pero a último momento, esta decidió salir de compras y ellos se quedaron en casa.

Los invitados de Linda y Jim nunca devuelven la invitación: Es difícil estar con Jim durante un rato. Cuando ella trata de hablar sobre algo, él la interrumpe. Habla por el teléfono celular delante de todos, obligándolos a escuchar su conversación. Si te ofreces a ayudar a Linda a lavar los platos, en ese momento Jim insiste en mostrarte todo lo que necesitas saber acerca de su nuevo equipo de música, y cuando tratas de despedirte para llegar a tiempo a casa y que la niñera vuelva a la suya, en ese preciso momento, él te pasea por la casa para explicarte los costosos planes de remodelación que tiene en mente. Su mujer se ha cansado de este comportamiento egocéntrico, pero nada que haya dicho o hecho ha favorecido a Jim para cambiar. La pobre Linda, a diferencia de sus invitados, tiene que enfrentarse con las actitudes de su esposo todo el tiempo.

Evelyn es una alcohólica empedernida. Vive sola, pero bastante cerca de su hijo Tony. Lo llama varias veces al día, a menudo a la noche, pidiéndole que vaya a visitarla. Cuando ella va a la casa de él, asusta a sus nietos con su locura. Tony y su esposa Jen han tenido que llamar a la policía varias veces para poder encontrar a Evelyn, que se escapaba de la casa pensando que la despreciaban. Tony ha tratado de razonar, de ponerse firme y de ignorar a su madre, pero nada dio resultado. Jen ha tratado de ser compasiva, pero ha sufrido bastante con el caos que su suegra provoca, y culpa a su esposo por no ponerse firme con su madre.

Aunque sus situaciones son muy diferentes, Sonya, Linda y Tony tienen esto en común: Alguien importante para ellos está afectando sus vidas de forma muy negativa. ¿Lo entiendes? Están viviendo con una persona difícil.

¿QUIÉN TE ESTÁ ALTERANDO?

La mayoría de las veces, la persona que te altera es alguien a quien quieres: Tu esposo o esposa, un padre, alguien con quien estás saliendo, un compañero de trabajo, un vecino o un amigo. Existen todo tipo de personas difíciles, y las puedes encontrar en muchas áreas de tu vida:

- EL JEFE CONTROLADOR QUE MANEJA A LOS EMPLEADOS EXTREMADAMENTE.
- EL HIJO ADULTO DEPENDIENTE QUE CONSTANTEMENTE TE AGOTA.
- EL MARIDO INDIFERENTE QUE NO SE COMUNICA.
- LA ESPOSA QUE CULPA AL OTRO Y NO ASUME SU RESPONSABILIDAD.
- LA VÍCTIMA QUE QUIERE QUE LA RESCATEN.
- EL NOVIO IRRESPONSABLE DEL QUE NO SE PUEDE DEPENDER.
- LA MADRE ENSIMISMADA QUE SOLO VE SUS PROPIAS NECESIDADES.
- EL COMPAÑERO DE TRABAJO CON UN CARÁCTER VARIABLE QUE CONTROLA EL AMBIENTE LABORAL.
- EL PARIENTE CHUSMA QUE PROVOCA DIVISIONES EN LA FAMILIA.
- EL ALCOHÓLICO O DROGADICTO QUE PROVOCA CAOS EN LA VIDA DE LOS OTROS.
- EL PADRE FURIOSO QUE HACE A TODOS ANDAR CON PIE DE PLOMO.

La lista podría seguir y seguir.

¿CÓMO TE SIENTES?

Las relaciones son el sistema de entrega de las muchas cosas buenas que necesitamos en la vida: Amor, seguridad, gracia, abrigo, aliento, verdad, perdón y demás. Estos elementos hacen que la vida tenga sentido, propósito y que sea agradable. Pero la vida con una persona difícil no es ninguna de esas cosas. En cambio, probablemente sufras diversas emociones y reacciones negativas.

SIN CONTACTO

El «no puedo acercarme a él» es un sentimiento común. Quieres intimidad, empatía, pero nada de eso sucede. Tal vez la otra persona no te responda y se aparte emocionalmente. Tal vez sus actitudes no sean coherentes con sus palabras, entonces te sientes confundido. O quizá parezca que tus sentimientos no sean importantes para él ni para sus decisiones. Quizá te sientas profundamente sola y aislada.

SIN AMOR

A menudo, cuando tratamos con una persona difíciles comenzamos a sentir que el amor por ella se desvanece. Si la situación involucra al esposo, a la esposa o a alguien con quien estás saliendo, tal vez ya no sientas más que estás enamorado. No experimentas el abrigo y el afecto que una vez sentiste o que te gustaría sentir. Pareciera que todas las cosas que la persona difícil hace estuvieran destruyendo el afecto que alguna vez tuviste por ella.

SIN OPCIONES

Además, es común al tratar con una persona difícil, que tengas la sensación de que no puedes hacer nada para cambiar la situación. Tal vez hayas tratado de razonar, sugerir y amenazar, pero nada ha funcionado. No has encontrado ninguna manera de mejorar las cosas y te sientes indefenso, impotente y frustrado.

SIN CONTROL

Cuando te encuentras con la persona difícil de tu vida, pareciera que sus temas dispararan tu parte más oscura. Tal vez te encuentres más enojado de lo que quisieras estar, abrumado por la tristeza o agobiado. Quizá a veces te sientas vengativo o malvado, devolviendo de la misma manera. Dios nos diseñó para que las relaciones se prolonguen y promuevan lo mejor de nosotros: Amor, cuidado y la habilidad de entregarnos libremente. Si no te gusta cómo eres cuando te encuentras con tu persona difícil, es tiempo de hacer algunos cambios.

SIN PERSPECTIVAS

Las personas difíciles a menudo parecen tener el poder de hacerte perder la perspectiva. Por ejemplo, quizá te des cuenta de que te has vuelto obsesivo con una relación problemática. ¿Alguna vez has ido a almorzar con un amigo y tenías la sensación de que un tercero estaba presente? Estabas tan concentrado en la persona difícil de tu vida que el alborotador quizá haya pagado los platos rotos. Esa obsesión es una señal clara de que la persona difícil está controlando todo (y debería ser sacada de ese papel).

Tal vez el efecto más serio de estar con una persona difícil es la pérdida de esperanza. Crees que las cosas siempre serán así y que tendrías que rendirte o resignarte a esa realidad.

Cuando la esperanza desaparece, nos damos por vencidos. Ella es la que nos impulsa a luchar por una vida y un futuro mejores. «La esperanza frustrada aflige al corazón; el deseo cumplido es un árbol de vida» (Proverbios 13:12).

Según mi experiencia, la mayoría de las veces que la esperanza desaparece se debe a la falta de información, de recursos o valor necesarios para crear el cambio. Tal vez porque no hayas sabido qué hacer, porque no hayas tenido el apoyo para hacerlo, o porque tenías mucho temor de llevar a cabo cambios eficaces.

LA ESPERANZA PUEDE RENACER

Si por alguna razón te encontraras en una situación peligrosa, necesitarías autoprotegerte; alejarte de la situación por un tiempo para tratar el problema con mayor tranquilidad.

Como he dicho, según mi experiencia *muchas personas se dan por vencidas muy pronto*. Este libro provee estrategias que pueden hacer que las cosas cambien. Así que, por ahora, digamos que, con algunas excepciones, lo mejor es mantenerse en la relación complicada, pero de una manera distinta a lo que era antes. Esta vez, y con la ayuda de este libro, puedes enfrentar los problemas, aprender las habilidades y hacer que funcionen al hacer las cosas mejor.

La naturaleza del amor es permanecer. Las relaciones de amor (a diferencia de las laborales) están diseñadas para desarrollarse, crecer y madurar con el tiempo, mientras las dos personas también crecen. Vale la pena buscar la manera en que el amor que sentías por tu persona difícil, y que aún sientes, pueda renacer.

El hecho de que estés leyendo este libro quizá signifique que aún no has abandonado tu relación complicada, aunque tal vez sea tu último intento. Quizás tengas el trabajo que realmente necesitas y estés pasando por ciertas circunstancias en tu matrimonio que no permiten que te vayas. Tal vez haya algún miembro de la familia que permanezca en tu vida sin importar nada. Mi oración por ti es que este libro cambie tu frase: «Tengo que alejarme de esta relación o no puedo salir de esto» por: «No quiero renunciar a ello».

EL CAMBIO ES POSIBLE

Las personas difíciles pueden y deben cambiar, de manera profunda y duradera, todo el tiempo. Dios se ha ocupado de hacerlo durante siglos. El apóstol Pablo, que escribió gran parte del Nuevo Testamento, dijo que antes de que Dios lo transformara, él mismo había sido «el peor de los pecadores» (1 Timoteo 1:16).

No hay ninguna garantía de cambio, ya que las personas tienen la libertad de elegir mal. Pero aquí es bueno tener la perspectiva correcta y completa: La persona que te altera puede ser vencida. Puedes hacer muchas cosas, y Dios puede hacer muchas cosas a través de ti: «Yo sé bien que tú lo puedes todo, que no es posible frustrar ninguno de tus planes» (Job 42:2). ¡Estamos hablando de que Dios mismo está de tu lado!

En mi consejería, en mis prédicas y en mi vida, he visto cambios y crecimientos de muchas maneras:

- EL JEFE CONTROLADOR COMIENZA A DISMINUIR LA PRESIÓN
- EL HIJO ADULTO DEPENDIENTE CRECE Y ESTABLECE SU PROPIA FAMILIA
- EL MARIDO INDIFERENTE COMIENZA A ABRIRSE EMOCIONALMENTE
- LA ESPOSA QUE CULPA AL OTRO PIDE DISCULPAS Y COMIENZA A ASUMIR SUS RESPONSABILIDADES
- LA VÍCTIMA SE VUELVE MÁS FUERTE Y MÁS INDEPENDIENTE
- EL NOVIO IRRESPONSABLE SE VUELVE MÁS CONFIABLE
- LA MADRE ENSIMISMADA APRENDE A PREOCUPARSE POR LAS EXPERIENCIAS DE OTROS
- EL PARIENTE CHUSMA PONE LÍMITES A SU LENGUA
- EL FAMILIAR ALCOHÓLICO O DROGADICTO PIDE AYUDA Y COMIENZA A COLABORAR
- EL PADRE FURIOSO SE VUELVE MÁS AMABLE Y MENOS REACTIVO

La vida con una persona difícil es como tener un gigantesco embotellamiento en tu conexión que está bloqueando todas las cosas buenas que deseas en tu relación. Pero cuando la otra persona comienza a «entenderlo», a hacerse cargo de sus problemas y a cambiar, el embotellamiento desaparece, y el tránsito se reanuda distribuyendo todas las cosas buenas que deseas.

Cuando hayas terminado de leer este libro, entenderás a las personas difíciles como nunca antes lo habías hecho. Podrás dejar de tratar de la manera que no funciona a esa que te altera y tendrás un plan para utilizar siete recursos diferentes que la ayudarán a cambiar. Muchos han aprendido cómo hacer para que estas personas sean más fáciles de tratar. Y tú también podrás.

MEJORAR LA VIDA

1. ¿Quién es la persona difícil en tu vida? ¿Con cuáles de las reacciones descritas en este capítulo te identificas más?

2. Aquí no nos referimos a la perfección. Estás buscando una mejoría —tal vez una gran mejoría— pero no perfección. ¿Tienes tendencias idealistas? ¡Deshazte del perfeccionismo desde ahora, si quieres tener éxito con la persona que te altera!

CAPÍTULO 2

ENTIENDE POR QUÉ LAS PERSONAS SON DIFÍCILES

Las personas saludables se dedican a llevar sus tendencias
pecaminosas a la luz de Dios y de su pueblo

Brian y Cindy tienen un hijo, Dylan, de unos veintitantos años. No terminó el colegio secundario, se volvió a su casa, no ha mantenido un trabajo estable, tiene una actitud crónica de desagradecimiento y muestra señales de drogadicción. Cindy, particularmente, ha sufrido mucho debido a que Dylan no los escucha. «¡No lo puedo creer! —repite, una y otra vez—. Le hemos dado todo. Hemos tratado de razonar junto a él y de ser compasivos, pero él actúa como si estuviéramos en su contra. ¿Por qué no escucha y crece?».

Entonces le dije a Cindy:

—Déjame hacerte una pregunta. Suponte que te encuentras en el zoológico, y cuando pasas al lado de la jaula del león, te das cuenta de que la puerta está abierta de par en par y de que el león está saliendo. Te ve. ¿Qué sucede luego?

Cindy contestó:

—Creo que me comería.

—Probablemente. ¿Y por qué lo haría?

—¿Porque tiene hambre?

—¡Seguramente! Y además porque eso es lo que hacen los leones. En el caso de Dylan, estás esperando que un león entre en razón y vuelva a entrar a la jaula.

Tal vez te encuentres en la posición de Cindy, luchando para aceptar que la persona que amas es de cierta manera. O tal vez te encuentres desconcertado y confundido. Sea cual fuere tu posición, necesitas entender por qué las personas son difíciles; entonces podrás comenzar a crear un ambiente para cambiar.

UN PROBLEMA DE CARÁCTER

El comportamiento es un síntoma de cómo la persona difícil mira la vida. No permitas que te aparte de tu propósito. Lo primero que hay que entender es el *carácter* de la persona difícil. Como dijo Jesús: «Todo árbol bueno da fruto bueno, pero el árbol malo da fruto malo» (Mateo 7:17). Por eso, en lugar de tratar solo con el comportamiento —el fruto— necesitamos mirar al árbol mismo: el carácter.

El Dr. Henry Cloud y yo hemos definido el carácter como el conjunto de habilidades necesarias para enfrentar las demandas de la vida. Tienen seis aspectos básicos, que son habilidades para:

- MANTENER RELACIONES SIGNIFICATIVAS
- TOMAR RESPONSABILIDAD Y AUTOCONTROLARSE EN LA VIDA

- VIVIR EN LA REALIDAD DE LAS IMPERFECCIONES PROPIAS
  Y DE OTROS
- TRABAJAR Y REALIZAR TAREAS DE FORMA EFICIENTE
- POSEER UNA ESTRUCTURA MORAL INTERNA
- POSEER UNA VIDA ESPIRITUAL TRASCENDENTE

Con estas habilidades la vida mejora bastante. Y la situación opuesta también es verdadera: Muchos problemas en la vida pueden rastrearse mediante un déficit en esas áreas.

EL PROBLEMA DE NO RECONOCER SU RESPONSABILIDAD

Todos tenemos problemas de carácter. Lo que destaca a las personas difíciles es el hecho de no tomar la responsabilidad adecuada o no *reconocer* su parte en ellos ni la forma en que afectan a otras personas.

Muchos de nosotros luchamos para crecer y solucionar en forma madura los problemas de carácter. Sin embargo, una persona difícil permanece atascada en un estado de inmadurez. A continuación hay una lista de algunas de las cosas que tal vez le escuches decir, mediante palabras o acciones; eso indica el problema de la falta de aceptación de su responsabilidad.

«YO NO SOY EL PROBLEMA»

En una familia, la madre hería tremendamente a los niños con actitudes malvadas, y como resultado todos luchaban en el área de las emociones y de las relaciones. Ya adultos, los hijos querían tener trato con ella y que sus hijos conocieran a la abuela. Tuvieron una mediación, una larga reunión para que ella los comprendiera; pero lo tomó como un ataque personal y los rechazó durante un largo tiempo.

Lo último que supe es que ella estaba viviendo sola en un pequeño departamento, casi sin ayuda, debido a que se había alejado de todos. En la heladera tenía un trozo de papel escrito a mano que decía: «No lo lamento». Esa es su declaración de vida. Y eso simboliza aquello a lo que me refiero con la falta de propiedad.

«PUEDO HACER LO QUE YO QUIERA»

¿Recuerdas a Cindy y a Dylan? Cindy responde a confrontaciones y preocupaciones normales. Si alguien le dice: «Esto me molesta», ella escucha, evalúa y trata de rectificar la situación, reconcilia la relación y se vuelve una mejor persona.

Una persona difícil juega con diferentes reglas. Examen de conciencia, confrontación, reacción y los sentimientos hirientes de otra persona no lo motivan a cambiar. En cambio, lo racionaliza, lo niega y minimiza las dificultades que provoca, o te culpa a ti.

«SOY MÁS IMPORTANTE QUE TÚ»

Las personas difíciles a menudo se ven como el centro de atención. Su experiencia siempre es más importante que la tuya. Algunas veces se enojan. Otras veces creen que los están persiguiendo. Tal vez no tengan ni la menor idea del efecto que tienen sobre ti. A menudo, tienen una capacidad reducida de empatía por los sentimientos de otros y perciben a las otras personas como fastidiosas, culpables, perseguidoras, controladoras, o —lo peor de todo— insignificantes.

‹SOY FELIZ DE LA MANERA QUE SOY›

A menudo, las personas difíciles han sido de esa manera durante mucho tiempo; por lo tanto, se sienten cómodas como son. Es más seguro. Por eso, uno de los propósitos de este libro es mostrarte cómo ayudarlas a sentirse menos confortables en su disfunción: Entonces *querrán* cambiar.

CUÁN ESTRUCTURADAS SON LAS PERSONAS COMPLICADAS

Entonces si la propiedad o posesión es el problema, *¿por qué* las personas difíciles no logran «tener sus propias cosas»? Entender esto también es importante, porque puede ayudarte a dirigir tu intento de manejar a una persona que altera.

A continuación enumero algunas de las razones más importantes de por qué las personas difíciles no toman responsabilidad por su vida.

TAL VEZ LES FALTE CONOCIMIENTO Y EXPERIENCIA

Muchas personas difíciles no son muy conscientes de su realidad emocional. Quizá hayan crecido en familias que nunca hablaban acerca de las relaciones, emociones, crecimiento y espiritualidad; o hayan tenido mucho caos en su vida y se encerraron en su interior para poder enfrentarla.

TAL VEZ TENGAN TEMOR

Muchas personas difíciles se resisten a escuchar una respuesta acerca de sí mismas porque tienen temor de que las vean como malas personas, o de que si realmente las conocen, las abandonen. Otras temen profundamente sentirse abrumadas e incapaces de actuar.

Una vez aconsejé a un hombre, cuya frialdad había arruinado un par de matrimonios, aislado a sus hijos y causado grandes problemas comerciales. A primera vista parecía no importarle. Pero durante el aconsejamiento, al comenzar a sentirse más seguro, empezó a sentir la necesidad de relacionarse. También se dio cuenta de que sufría un profundo pánico; tenía temor de ser tan vulnerable que otras personas pudieran realmente lastimarlo.

TAL VEZ SE SIENTEN QUE TIENEN MÁS DERECHO

Estas personas creen, secreta o abiertamente, que son especiales y superiores; por lo tanto, no deberían sujetarse a las mismas reglas que los demás. A menudo, este tipo de personas son egoístas y ostentosas, y no son muy conscientes de los sentimientos de otros.

TAL VEZ SEAN ENVIDIOSOS

La envidia no es un deseo. El deseo puede ser algo muy bueno, ya que nos lleva a obtener lo que necesitamos: Trabajo, relaciones, oportunidades, entre otras. Y cuando obtenemos un deseo, sentimos paz y satisfacción.

No sucede lo mismo con una persona envidiosa. A ella no le es suficiente lograr el ascenso, obtener el dinero o entablar la relación que tanto deseaba. Otra cosa se vuelve ahora la razón de su insatisfacción. El problema siempre es externo: La esposa cruel, el jefe demandante, la iglesia que no satisface sus necesidades.

TAL VEZ SE ENCUENTREN EMOCIONALMENTE ATASCADAS

Algunas personas difíciles sufren un desorden emocional o psicológico que les dificulta ver lo que están haciendo. Algunas depresiones agudas, por ejemplo, hacen que sea más difícil que la persona vea, más allá de su dolor, el efecto que tiene en otras personas. La ansiedad, el pánico y los procesos adictivos también pueden distorsionar el pensamiento. Esto no significa que la persona quiere continuar con esa situación. Pero se encuentra atascada en el dolor que oscurece sus pensamientos y su funcionamiento.

TAL VEZ SE ENCUENTREN ESPIRITUALMENTE CIEGAS

Todos tenemos la tendencia de tomar nuestra propia senda, fuera del cuidado y del camino de Dios. Es la esencia del pecado. Las personas saludables se dedican a llevar sus tendencias pecaminosas a la luz de Dios y de su pueblo. Pero otros tienen una visión superficial del pecado o no lo ven por completo, o se encuentran bajo su control. La ceguera espiritual hace que una persona no pueda ver lo que hay dentro de sí, y que necesita ser sanada por la gracia y el poder de Dios.

TAL VEZ TENGAN DESÓRDENES PSIQUIÁTRICOS O MÉDICOS

Los problemas médicos o psiquiátricos pueden distorsionar la percepción de la realidad. Por ejemplo, los desórdenes de pensamiento, los desórdenes sicóticos y las alucinaciones pueden causar estragos en la capacidad de una persona de ser consciente de sus problemas. Siempre es bueno consultar con un psiquiatra si tienes sospechas sobre este tipo de desorden.

TAL VEZ SE ENCUENTREN AFECTADOS POR PODERES DEMONÍACOS

Verdaderamente existe un diablo, cuya tarea es separar a las personas de Dios. «Practiquen el dominio propio y manténganse alerta. Su enemigo el diablo ronda como león rugiente, buscando a quién devorar» (1 Pedro 5:8).

No todos los problemas tienen un demonio detrás. Pero algunos sí. Si sospechas que algunas de estas fuerzas están obrando, busca a personas dentro de tu comunidad espiritual que tengan experiencia en esto y que también *crean en el poder emocional, psicológico y médico de los problemas*. La Biblia enseña que existe un equilibrio.

LA REALIDAD ES MÁS GRANDE QUE NOSOTROS

Al comenzar a entender a la persona difícil de tu vida es fundamental que creas que su falta de propiedad le traerá problemas a ella misma. Esto no significa ser cruel, es tan sólo la verdad, y representa una esperanza para ti y para ella.

La realidad es más grande que nosotros mismos. No podemos luchar contra la gravedad, el magnetismo o la fuerza nuclear. Sucede lo mismo con las relaciones. Cosechamos lo que sembramos (Gálatas 6:7), con buenas y malas consecuencias en la vida. Por eso el déficit en el carácter y la resistencia a tomar responsabilidades puede hacer que en la vida no le vaya bien a la persona difícil de tu vida. Eso puede ser un gran incentivo para el cambio.

MEJORAR LA VIDA

1. Al desarrollar tu plan para manejar a tu persona difícil, querrás ser más estricto con los problemas, pero más cariñoso con la persona. Esa es la manera en que todos nosotros queremos ser tratados, y es lo que mejor funciona. Una manera para ayudarte es tener en mente sus buenas cualidades. Haz una lista de sus cualidades ahora mismo.

2. Piensa la manera en que podrías permitir o rescatar a tu persona difícil de sufrir las consecuencias de sus acciones. Tal vez, siempre estés allí para la persona o la amenaces sin motivo, o la animes sin confrontarla. Vale la pena —y es una de las cosas de la que hablaremos más adelante— analizar si tú eres parte del problema.

CAPÍTULO 3
DIAGNOSTICA LA ENFERMEDAD

Somos responsables, pero no podemos transformar
nuestras vidas

Ahora es tiempo de pasar de la persona difícil en general a tu situación particular. Utiliza este capítulo para que te ayude a «diagnosticar la enfermedad», por así decirlo, de manera realista y cuidadosa. El ejercicio llevará tiempo y energía, echar una mirada tan de cerca será más difícil de lo que parece. No apures el proceso. De hecho, probablemente sea mejor hacerlo por etapas y utilizar el tiempo intermedio para reflexionar. A continuación hay algunas cosas para tener cuenta.

SÍNTOMAS: CONCENTRARSE EN EL FRUTO

Para comenzar, determina qué comportamientos o actitudes de tu persona difícil afectan tu vida y la relación misma. En el capítulo 2 llamamos al comportamiento el *fruto* de la vida de una persona. Algunos ejemplos son:

- Mi novio toma demasiado
- Mi esposo está retraído y distante
- Nada de lo que hago es lo suficientemente bueno para mi jefe
- Mi esposo nos está haciendo peligrar económicamente
- Mi padre me asusta con su temperamento
- Mi hija adolescente está fuera de control
- Mi esposa gasta demasiado dinero
- Mi esposo visita páginas de Internet pornográficas
- No puedo esperar que mi amigo sea confiable y responsable.
- Mi hijo adulto no trabaja ni se independiza

Es importante aclarar lo que está sucediendo. «No puede ser tan necio» o «Ella es insoportable» no son frases útiles al momento de concentrarse en los problemas reales. Trata de determinar el problema más sencillo. La persona «furiosa» que, además, no levanta las medias, por ejemplo, debería tratar primero con su enojo más que con la dejadez.

EVALUAR LOS SÍNTOMAS

¿Cuán grave es el problema? Es importante que evalúes esto, ya que más adelante te ayudará a determinar tu curso de acción.

Por ejemplo, en el caso del problema del enojo, el nivel podría ser:

No muy grave. Tal vez la persona te atemoriza con su temperamento, pero sólo unas pocas veces al año.

Moderadamente grave. La persona puede tener arranques de ira frecuentes y crea un caos familiar.

Extremadamente severo y urgente. Puede haber violencia física o alguien puede estar en peligro. (Tal vez necesites estar preparado para actuar rápidamente, pedir ayuda a alguien, encontrar refugio o, incluso, llamar a la policía).

CAUSAS: CONCENTRARSE EN LA RAÍZ

Esto requiere excavar un poco más. Como ya hemos visto anteriormente, el comportamiento generalmente es el fruto de otros problemas. Ahora concéntrate en la *raíz*, no en el fruto. Miremos nuevamente nuestra lista de problemas, y, esta vez, examinemos las posibles causas e influencias. He enumerado dos para cada problema. Ambas podrían ser parte, y también puede haber otras posibles causas.

Si descubres que te encuentras muy abrumado o confundido por la complejidad de tu persona difícil, busca un consejero, cuéntale lo que sabes y pídele que te aclare las cosas. Eso puede ser muy revelador y puede ayudarte a concentrarte en lo que realmente está sucediendo.

- Mi novio bebe demasiado.
  Todavía no se ha hecho adulto.
  Está remediando un dolor interno.

- Mi esposo está retraído y distante.
  No es capaz de abrirse emocionalmente.
  Es una persona absorta en sus problemas.

- Mi esposo nos está haciendo peligrar económicamente.

  Es impulsivo y tiene poco autocontrol.

  Carece de empatía por la angustia que él provoca.

- Mi padre me asusta con su temperamento.

  Intimida cuando necesita admitir que está equivocado.

  Evita sentirse incapaz cuando no puede controlar a alguien.

- Mi hija adolescente está fuera de control.

  Carece de estructura y de autoridad o las rehúsa.

  Está desconectada y aislada.

- Mi esposa gasta demasiado dinero.

  Es inmadura.

  Está supliendo una necesidad de una manera simbólica.

- Mi esposo visita páginas pornográficas de Internet.

  Se refugia en la fantasía para evadir una realidad negativa.

  Se siente incapaz e impotente con su mujer.

- No puedo esperar que mi amigo sea confiable y responsable.

  Él confía en las buenas intenciones en lugar de la fidelidad.

  Se compromete demasiado.

- Mi hijo adulto no trabaja ni se independiza.

  No tiene ninguna preocupación por cuidar de su propia vida.

  No tiene las capacidades para enfrentar la vida.

PRUEBA DE RIGOR

Necesitas entender cuán profundos son los problemas de carácter. Por ejemplo, ¿la distancia emocional de tu esposo es tan profunda que sólo le habla de noticias y deportes a cualquier persona? ¿O puede hablar de problemas personales en cierto nivel, pero no profundamente? ¿O tal vez se abre con otras personas, pero no contigo?

Aquí hay otro ejemplo. ¿Tu hijo adulto cree que tiene derecho a tu cuidado y no hace nada para independizarse de ti? ¿O se mudó solo y le fue mal y volvió a tu casa, odiando esa situación todo el tiempo?

¿Tu jefe criticón no pone reparos en las ofensas grandes y pequeñas, reales y percibidas, sin darse cuenta de lo que está haciendo? ¿O alguna vez te elogia, pero principalmente te critica? ¿O alienta a otros, pero te trata rudamente a ti?

LA TEMPERATURA: EL PROBLEMA DE TITULARIDAD

Evalúa la aceptación de la responsabilidad. El problema es *mínimo*: la persona responde a una empática pero clara confrontación. Es más *serio*: la persona ve lo que hace pero se excusa, lo razona o lo minimiza.

El problema de responsabilidad es *grave*: la persona no se da cuenta de lo que hace, o te culpa a ti o a otros por su propio comportamiento.

Algunas veces, van y vienen en su negación. Cuando se sienten seguros y amados, reconocen el comportamiento complicado; pero cuando se sienten atemorizados o amenazados, lo niegan. Algunas personas lo admiten, pero simplemente no se dan cuenta o no les importa el efecto que produce en otros.

COMPLICACIONES: «NO PUEDO» VERSUS «NO QUIERO»

Este es otro aspecto importante que hay que observar para comprender lo que está sucediendo con tu persona difícil. ¿Es incapaz (no puedo), se resiste (no quiero), o una combinación de las dos?

Observa el nivel de preocupación que la persona tiene por su problema de comportamiento. ¿Su vida está marcada por un sentido general de preocupación por otros y de responsabilidad por sí mismo? Eso argumenta incapacidad. ¿O demuestra falta de empatía y fracaso en responsabilizarse por lo que hace? Eso habla de resistencia.

Existe también una forma muy disimulada pero bastante común de este problema: la resistencia disfrazada de incapacidad, o un «no quiero» *disfrazado de* un «no puedo».

En el grupo de consejería, Amy a menudo criticaba a otras personas, y luego se reía y decía: «Sólo bromeaba». Cuando alguien del grupo la enfrentaba con respecto a ese tema, estallaba en lágrimas y decía: «No quise decir eso, es mi pasado que vuelve a atraparme». Entonces una noche le dije: «Amy, lo siento, pero aunque creo que eres una persona sensible, realmente no creo que seas tan frágil ni te sientas tan apenada como aparentas. Parece que utilizaras ese problema para ser capaz de enojarte con las personas sin tener que experimentar su enojo *contigo*. Eso no es justo, y no es bueno ni para ti ni para ellos».

Amy se molestó mucho por lo que dije y quiso irse. Pero el grupo la apoyó y al mismo tiempo estuvo de acuerdo con mi opinión de que ella era más resistente que incapaz. Para su propio bien, Amy pudo ver que tenía temor de ser directa con otros.

El punto es: dirígete a lo que tú y otras personas sanas ven, no sólo a lo que la persona que te altera dice. Hacer es más que decir. Presta atención a las señales disimuladas.

El mensaje claro pero fuerte de la Biblia dice: *Somos responsables, pero no podemos transformar nuestras vidas.* Esto nos obliga a mirar fuera de nuestras propias fuerzas, hacia Dios y sus respuestas.

Sólo porque tu hijo adulto sea responsable por su adicción a la droga no significa que tenga el poder o la capacidad para estar limpio y sobrio. Sólo porque tu esposo sea responsable por el uso de páginas pornográficas de Internet, no significa que tenga la capacidad para dejar de visitarlas. Existen fuerzas más poderosas y oscuras que nos mueven a todos, incluyendo a los creyentes en Cristo; y todos necesitamos gracia, amor, apoyo, verdad, sabiduría y tiempo para madurar y ser personas cambiadas.

Por eso es importante que realices bien el proceso de hacer tu propio trabajo de crecimiento, como lo veremos en el próximo capítulo, para dar los pasos eficazmente que te permitirán ayudar a tu persona difícil a cambiar y a crecer.

MEJORAR LA VIDA

1. Ahora planifica cuándo y dónde vas a apartar tiempo para considerar la situación que enfrentas con una persona difícil, como se describió en este capítulo.

2. Si no conoces un consejero profesional en el que confíes, pide consejo a algún amigo, compañero de trabajo o a tu pastor. Resulta bueno tener a esa persona como respaldo, mientras atraviesas el proceso descrito en este capítulo.

CAPÍTULO 4
DESHAZTE DE LO QUE NO FUNCIONA

La realidad siempre es tu amiga

Karen necesitaba ayuda para tratar con su padre. Él era malo y subestimaba a su madre. Criticaba a Karen sin piedad cuando hablaban. Se volvía agresivo en las reuniones sociales y la avergonzaba, y cuando las cosas no salían a su modo se mantenía mudo y enojado por unos días.

Cuando le pregunté a Karen:

—¿Cuánto estás contribuyendo con el problema? —se sorprendió y se molestó.

—¿*Mi* parte? ¿De qué está hablando? ¡Soy yo la que sufre el abuso verbal! ¡Soy yo la que tengo que llamarlo para arreglar las cosas; soy yo la que tiene que sostener a mamá después de que él lastima sus sentimientos!

Le dije:

—Karen, tu padre es un hombre muy difícil, pero hay cosas que tú haces que ayudan a que siga enfermo y malo, y tú puedes hacer algo al respecto. Son *tu* equipaje, y, si tú quisieras, me encantaría echarle un vistazo contigo.

En la medida en que evites admitir tu parte en el problema, continuarás en él. Tu contribución, al igual que Karen, quizá sea menos importante que la de la persona que te altera. Eso no te libra de la situación. Jesús hizo una declaración bastante directa al respecto: «¡Hipócrita!, saca primero la viga de tu propio ojo, y entonces verás con claridad para sacar la astilla del ojo de tu hermano» (Mateo 7:5).

Echemos un vistazo a algunas de las cosas infructuosas que hacemos con las personas que nos alteran, por qué las hacemos y cómo podemos dejar de hacerlas. Es tiempo de dejarlas ir.

NEGACIÓN

Tal vez te des cuenta de que minimizas las acciones hirientes, molestas y egoístas de la persona que te altera. Quizá te digas a ti mismo o a otros: «Tiene muchas cualidades buenas» o «Sólo tiene un mal día». Negar la situación mantiene la cabeza debajo de la tierra, mientras seguimos deseando que las cosas no sean tan malas como en realidad lo son.

Nosotros negamos por las mismas razones que lo hacen las personas que nos alteran: temor a la pérdida de amor, no querer parecer o ser malos; evitar un conflicto, la culpa o el orgullo, son sólo algunos ejemplos. Pero negar puede robarte la vida y los años. La realidad siempre es tu amiga.

¿Recuerdas a Cindy, que negaba la seriedad de la situación de Dylan? Estaba protegiéndose ella misma de la tristeza de que el hijo que amaba no era una buena persona, al menos, en ese punto de su vida. Pero cuando ella lo aceptó, pudo ayudar verdaderamente a Dylan de forma eficaz y significativa.

ESPIRITUALIZAR

Espiritualizar significa tergiversar la espiritualidad verdadera. Existen tres maneras de espiritualizar con una persona difícil.

La primera es *predicar*, tratar de motivar a la persona difícil mediante versículos o principios bíblicos. A veces resulta más sabio, en lugar de predicar la Palabra, *vivir de verdad la Palabra*: volverse la persona más cariñosa, alegre, responsable y honesta que puedas ser.

Una segunda manera de espiritualizar es volverse *pasivo*, no hacer nada para resolver el problema y simplemente orar y esperar. Pero somos colaboradores con Dios, y a menudo Dios nos muestra algunas cosas además de orar.

La espiritualización más destructiva es la *superioridad*: sentirse muy cerca de Dios e incapaz de relacionarse con la persona que te altera porque no entiende las verdades espirituales. Es una posición peligrosa en la cual descansar. Está basada en el orgullo y no es, para nada, espiritual.

RAZONAR Y RECORDAR

Probablemente el error más común sea creer que la solución que necesitas se basa en la razón y la lógica, un encuentro de las mentes. Crees que si la persona difícil realmente comprende que lo que estás pidiendo es algo bueno, accederá y cambiará. Pero no estar de acuerdo con ella, a menudo, es una señal para la persona difícil de dejar de prestarte atención. No está pensando: «Mmmm, tiene razón. Nunca había pensado en eso». En cambio, lo que oye se parece al antiguo dibujo animado acerca de lo que el perro escucha cuando lo regañan: «Bla, bla, bla, bla, bla».

Un primo cercano del razonamiento es recordar (también lo llamamos persistencia). La persistencia supone que la persona sólo necesita que le recuerden hacer lo correcto. Cuando persistes, te perciben como alguien controlador y autoritario, entonces la persona que te altera pasa a un estado infantil y se rebela contra el «padre», al aumentar su mal comportamiento. Puedo observar esta situación en muchos matrimonios y noviazgos. Cuando dos adultos se vuelven padre e hijo, el amor, la confianza y la pasión se deterioran rápidamente.

REACCIONAR Y EXPLOTAR

Ahora confesémonos juntos: *Permito que mi persona difícil me altere y me lleve a decir cosas que desearía nunca haber dicho.* Como dijimos en el capítulo uno, una persona que altera puede influenciarte y hacerte alguien que no quieres ser.

La capacidad de reaccionar y de explotar se debe a la dependencia que tenemos. Es decir, estamos buscando algo de nuestra persona difícil, tal vez cariño, afirmación o amor. Por eso, cuando no es correspondido, respondemos con desesperación y grandes reacciones. Por lo general, la persona que altera piensa: «Ves, yo no soy el problema; tú eres la persona que está totalmente loca».

DETENERSE

Es lo contrario a reaccionar y explotar. Todos nosotros tenemos una parte educada y optimista que evita un poco los conflictos. Entonces esperas educadamente hasta que la persona que te altera vea su error y se acerque a ti para pedirte que lo ayudes a cambiar.

Puede ser una larga espera. A menudo, lo último que hace una persona difícil es pedir ayuda. Una vez trabajé con una mujer que creía que su esposo, que era impulsivo y un gastador compulsivo, notaría su silencio y retraimiento y le preguntaría qué andaba mal. Se encontraban casi en bancarrota cuando por fin pude convencerla de que su plan no estaba funcionando.

GRACIA Y VERDAD DIVIDIDAS

La gracia, como los teólogos clásicos la han definido, es un favor inmerecido. La verdad, por otro lado, se refiere a lo que existe, a lo que es real. La gracia y la verdad se necesitan.

La verdad funciona para proteger a la gracia y al amor de la misma manera que la estructura ósea protege el corazón. Debe haber un intercambio: la gracia nos provee el combustible para vivir, crecer y cambiar; la verdad protege y construye el proceso.

Bob y Katie tenían una hija adolescente, Sarah. Sus calificaciones habían bajado considerablemente; además, se estaba juntando con las personas equivocadas, les estaba mintiendo a sus padres y estaba saliendo a escondidas por las noches.

La respuesta de Katie era tratar de apoyar a Sarah. «Cuando comete un error, la escucho hasta el final y trato de prestar atención a sus experiencias. Quiero que ella sepa que la amamos y que esté segura». Sarah sabía que su madre no le daría importancia y que sería compasiva. Nada cambiaba en realidad, excepto que Sarah quería a su mamá.

La respuesta de Bob era disciplina y mucha rigurosidad. «No escucharé más sus excusas. Le expliqué las expectativas y qué sucederá si no las cumple. Necesitamos que ella entienda que tiene que poner en orden su vida». Sarah le teme a su padre y lo evita.

Katie tenía gracia, y Bob tenía verdad. Cada abordaje chocaba contra el otro. El problema surge cuando divides la gracia y la verdad, en lugar de integrarlas.[1] Al igual que Katie y Bob, te vuelves ineficaz cuando no tienes suficiente de cada uno.

SENTIRSE RESPONSABLE

No cabe duda de que debemos escudriñar nuestras vidas y acciones para ver si estamos haciendo lo que debemos. Pero también necesitamos investigar si existe una razón por la que tomamos demasiada responsabilidad por el problema. Esto también sucede cuando nos hacemos cargo de las elecciones de la persona difícil y de sus resultados. A menudo se debe a la falta de definición personal y de separación de los tantos.

SER PERMISIVO

Se es permisivo de varias maneras. Quizá evites confrontar a tu persona difícil. Quizá le des consuelo, abrigo y apoyo, incluso cuando ella está siendo dañina; la cubras con los amigos y la familia o pagues sus deudas cuando se niega a trabajar. Cuando no es amable, tal vez te culpes a ti mismo por provocarla.

El amor y la permisividad no son la misma cosa. El amor puede ser amor e, incluso, tener cero tolerancia con la irresponsabilidad, el egoísmo y la manipulación. Si le estás permitiendo a tu persona difícil, tal vez pienses que la cuidas, pero en realidad la odias. La persona necesita sentir un poco de dolor para que se le enciendan las luces.

AMENAZAS SIN CUMPLIMIENTO

Nunca hagas esto. No lo hagas. Cuando pronuncias una amenaza vana o inconsistente, *estás entrenando a la persona difícil para que te ignore*. Le estás diciendo: «Ahora me voy a desahogar. Si te quedas quieto y esperas, puedes volver a hacer lo que estabas haciendo, y nada va a sucederte».

Una vez un hombre me contó que su novia se había desahogado con él debido a su coqueteo inapropiado: «No hay problema; ella ladra pero no muerde». Hasta estaba un poco orgulloso de que se las había arreglado con ella tan bien. Estaba decidido. ¡Y no sentía ninguna necesidad de cambiar su forma de ser hiriente!

Por eso, si ladras, ¡prepárate para morder! Si no, cómprate un bozal.

DARSE POR VENCIDO MUY PRONTO

Este es el enfoque «¡hazlo de una vez!»; las esperanzas y expectativas que tienes —o las confrontaciones, invitaciones, amenazas o consecuencias— son suficientes.

A veces escucho: «He probado de todo y nada parece funcionar». Sin embargo, a menudo lo que en realidad significa es que has probado algunas de las cosas *ineficaces* de este capítulo que están destinadas a fracasar. Los capítulos seis al doce presentan siete recursos diferentes para ayudarte a crear un ambiente de cambio para tu persona difícil. Tal vez descubras que ya has utilizado algunos de estos recursos, pero son necesarios los siete.

Sin embargo, antes de que puedas emplearlos, considera el próximo capítulo para decidir cómo se ve el éxito.

MEJORAR LA VIDA

1. Un buen antídoto contra la negación es recurrir a un amigo sano y confiable que conoce las circunstancias de tu vida.[2] Pregúntale si estás evitando la seriedad de la condición de tu persona difícil.

2. Si te inclinas más, ya sea por la gracia o por la verdad, hay una razón. Habla con un amigo o un consejero para descubrir la causa, así podrás mostrar tanto gracia como verdad a tu persona difícil.

CAPÍTULO 5
DECIDE QUÉ ES LO QUE QUIERES

En medio de las circunstancias más tormentosas,
la claridad de la visión ha mantenido a muchos peatones
firmes en el camino

Cuando aconsejo a las personas acerca de una relación complicada, a menudo pregunto cuál es su visión acerca del futuro de ella. Muchas veces, la respuesta es una mirada burlona, como si estuviera hablando con un marciano, seguida de algo como: «¿De qué está hablando? Sólo trato de sobrevivir y de no volverme loco».

Es comprensible que aquellos que tienen una relación complicada tengan problemas con el concepto de visión. Esta palabra tiene que ver con las cosas positivas de la vida tales como metas, sueños y aspiraciones compartidas. Las grandes compañías a menudo comenzaron con un sueño. Las iglesias y los ministerios tienen el mismo origen. Comienzos humildes pero metas grandes; esa es la naturaleza de la visión. Aquellas personas que tienen a otra que los altera están muy ocupadas planeando la defensa, previniendo los efectos de la relación, preocupándose, y, a veces, «sólo tratando de sobrevivir». Es difícil tener una visión en medio de una pesadilla.

NECESITAS UNA VISIÓN

Sin embargo, al mismo tiempo, necesitas una visión. Va más allá de la simple supervivencia. Los capítulos restantes de este libro proveen siete recursos diferentes para que adoptes y utilices. Deberás hacer cosas que nunca has hecho antes o que tienes temor de hacer, o no te gustan; aún así, son las cosas necesarias que traerán el cambio. Y la visión te ayudará a mantener la valentía y el esfuerzo requeridos.

En especial, es importante en las relaciones complicadas, ya que generalmente existe resistencia e, incluso, intensificación, en la otra persona, cuando comienzas a llevar a cabo los cambios importantes que deben suceder. Necesitas un lugar dentro de ti para mantenerte en marcha.

Describamos brevemente «visión» como «la imagen mental de un resultado deseado que te provee sentimientos y enfoque». Es una imagen que creas y construyes en tu mente que resume cualquier meta que tengas. La persona que quiere perder peso debería colocar en la heladera una foto del traje de baño que quiere ponerse. Aquella persona que está ahorrando para comprarse una casa debería colocar en la pared un diagrama de la casa soñada. El individuo que trabaja para lograr el ascenso debería tener en su escritorio un cartel con su nombre y la posición que desea.

La visión es dada por Dios y es moldeada por él. Una de las declaraciones finales de Jesús en la cruz fue: «Todo se ha cumplido» (Juan 19:30). Ese «todo» fue su visión para redimir al mundo al enfrentar a la muerte por nosotros, y completar su misión. Esta es la naturaleza de la visión. En medio de las circunstancias más tormentosas, la claridad de la visión ha mantenido a muchos peatones firmes en el camino.

Este capítulo te ayudará a crear una visión particular, específica e individual, adaptada a la situación con tu persona difícil.

ASPECTOS DE LA VISIÓN

¿Cómo comienzas a crear una visión para algo que quieres ver? A continuación detallo algunos puntos por considerar.

PRESENCIA DE BONDAD O AUSENCIA DE MALDAD

Este punto es bastante complicado. Resulta difícil ver más allá del deseo de que un esposo deje de gritar y lanzar cosas, o de que una esposa deje de quejarse. Eso implica el cese de las cosas malas, que ciertamente es importante, pero que no es suficiente. Si todo lo que sucede es el cese de un mal comportamiento, probablemente te estés subestimando. Es mucho mejor querer que él sea una persona accesible y capaz de tratar con el conflicto con amor, y que ella sea paciente y vulnerable cuando hay un problema.

LA RELACIÓN

La relación es la parte más grande de la vida. Es muy probable que tengas una relación personal con el que te altera. Describe en tu visión los componentes de la que te gustaría recibir de parte de la persona que te altera, como acercamiento, seguridad, intimidad, respeto, libertad, confianza y reciprocidad.

LA ENSEÑANZA

Mientras te encuentres desarrollando la visión, nunca olvides lo que hemos visto en el capítulo dos: la mayoría de las veces el problema de la persona que te altera es que no se responsabiliza de los problemas que afectan su vida y la de los que la rodean.

Tu visión debe incluir la imagen de ella aceptando que está equivocada y apenada; expresando que entiende cómo te afecta, que se ve a ella misma colaborando con el problema, y que, de ser necesario, entrará en el proceso del cambio. Cuando se alcanza este lugar —y tal vez no lo alcances enseguida— todo se acelera y funciona mejor.

¿CON QUÉ TE CONFORMARÁS?

Tu visión también necesita algún tipo de requerimiento mínimo. Es decir, deberás expresar claramente la clase de cambio más pequeño que aceptarás como algo bueno. Un esposo que no se retracta y se enoja durante semanas, pero no quiere ser parte de un grupo de crecimiento para observar sus problemas, es mejor que uno que no haya tenido ningún cambio. Si una esposa que gastaba demasiado continúa haciéndolo, pero en menor grado, es una leve mejoría. La persona alcohólica que deja de beber por propia voluntad ya no es un riesgo para sí misma ni para otros, aunque corra el peligro de recaer y a menudo demuestre la depresión e irritabilidad que cubría la bebida.

De ninguna manera estoy diciendo que debas alegrarte con las restricciones externas que no conlleven cambios internos de actitudes, sentimientos, perspectivas y valores que pueden —y deberían— ser un deseo y una meta de toda la vida. Sin embargo, al mismo tiempo mantente alejado de las críticas. No quieras que la persona que te altera viva bajo tus recetas mágicas. Terminará rebelándose contra eso, y ambos perderán. Una postura mejor es «Esto es bueno, y quiero aun lo mejor para nosotros».

APUNTA ALTO

Puedes estar desanimado, pero, aún así, apunta alto en tu visión. Como dice el antiguo dicho: «Es preferible apuntarle a una estrella y fallarle, que apuntarle a un zorrino y pegarle».

La mayor visión es que tu persona difícil sea transformada de adentro hacia fuera. Esa visión implica mucho más que un cambio en la conducta; implica un cambio en el corazón e integra el comportamiento externo, aunque haya inconvenientes, con el mundo interno, que es un proceso más minucioso y completo. Algunos ejemplos de objetivos altos con tu persona difícil son los siguientes:

- LA ESPOSA IRRESPONSABLE QUE ESTÁ ARRUINANDO ECONÓMICAMENTE A LA FAMILIA MADURA Y SE VUELVE INDEPENDIENTE Y CONFIABLE
- EL AMIGO EGOCÉNTRICO QUE NO PRESTA ATENCIÓN A TUS SENTIMIENTOS Y PREOCUPACIONES DESARROLLA LA HABILIDAD DE PONER A OTROS ANTES QUE ÉL Y TENER UNA EMPATÍA GENUINA Y VERDADERA

- EL HIJO ADULTO DE CARÁCTER VARIABLE, CUYOS ARRANQUES CAUSAN CAOS, SE VUELVE ESTABLE, AMABLE, Y AGRADABLE
- EL JEFE CONTROLADOR DEMUESTRA GRACIA Y LIBERTAD A SUS SUBORDINADOS
- EL ESPOSO BEBEDOR NO SÓLO DEJA DE TOMAR, SINO QUE TAMBIÉN RESUELVE EL DOLOR EMOCIONAL QUE HACÍA DIFÍCIL ESTAR CON ÉL

TODO ES POSIBLE

Seguramente estés pensando: *esta no es la realidad, y eso no es posible*. Estoy de acuerdo en que cuando se trata de la libertad humana, hay muy pocas garantías. Pero *hay* dos que es importante que conozcas. Una de ellas es que para Dios todo es posible (Mateo 19:26); y la segunda es que Dios está de tu lado y ha diseñado a la persona que te altera para hacer mejor y más alegre la vida en el camino de Dios. Por eso, deja el escepticismo para más tarde y trabaja en tu visión.

MEJORAR LA VIDA

1. Escribe la visión para la relación con tu persona difícil. Recuerda incluir los puntos claves y apuntar alto.

2. Piensa en dos personas que conozcas que tienen una buena relación. ¿Cuáles son algunas de las cosas que pueden hacer juntas? Por ejemplo, quizá compartan tiempo, viajen, ministren a otros o hagan algo que les gusta. ¿Qué cosas buenas como éstas te gustaría hacer en la relación con tu persona difícil? Incluye estos detalles en tu visión.

CAPÍTULO 6

INVITA A DIOS

Dios no quiere ser tu calmante; él te quiere a ti

Hasta aquí has tratado de entender por qué las personas difíciles son así y cuál es el verdadero problema con la persona que te altera. Has aprendido lo que no funciona y has armado una visión para tu relación en el futuro. Ahora estás listo para hacer funcionar los siete recursos para que te ayuden a crear un ambiente de cambio con tu persona difícil.

Este capítulo trata del primer recurso: Dios. Si existe algo en el mundo que puede hacer que una persona piense en Dios, es una relación difícil. Puede hacer que te arrodilles sin vacilar.

DIOS LO ENTIENDE

Te preocupas por la persona que te altera y quieres que las cosas vayan bien entre ustedes dos, si bien ella es libre de elegir sus actitudes, su comportamiento y de decidir si quiere mantener esa relación contigo. Dios entiende esta situación. La conoce conceptualmente, la conoce por experiencia. Dios vive esa relación día a día, se preocupa por nosotros y quiere una relación con nosotros que es la mejor para nuestras vidas; aun así, nos da la libertad para decirle «no», que es lo que a menudo hacemos.

Las palabras de Jesús ilustran la profundidad de sus sentimientos y la empatía hacia nuestras vidas: «¡Jerusalén, Jerusalén, que matas a los profetas y apedreas a los que se te envían! ¡Cuántas veces quise reunir a tus hijos, como reúne la gallina a sus pollitos debajo de sus alas, pero no quisiste! Pues bien, la casa de ustedes va a quedar abandonada» (Mateo 23: 37-38).

DIOS ENTIENDE A LA PERSONA QUE TE ALTERA

Las personas difíciles pueden ser personas difíciles que crean relaciones difíciles. Aun así, Dios hace brillar la luz de la verdad y el entendimiento sobre esos problemas. Él es el único que «conoce los más íntimos secretos» (Salmos 44:21). Dios está consciente de las contradicciones, los cambios de humor bruscos, los contraataques y las culpas, y todas las cosas que te desconciertan de la persona difícil. No hay misterios para él; en cambio, él puede guiarte en medio del laberinto. Por eso, invitar a Dios a que sea tu primer recurso al tratar con la persona que te altera no significa ser «religioso». Cuando te enfrentas con un problema en la vida diaria —algo con lo que tienes poca experiencia— puedes llamar a un experto. Literalmente, Dios tiene más conocimiento que nadie para tratar con personas difíciles.

También es importante darse cuenta de que Dios está «a favor» de tu persona difícil, al igual que está «a favor» tuyo. Dios es una reserva inagotable de gracia y de amor, no sólo para ayudarte a tener paciencia, sino también para tu persona difícil. Muchas veces he orado: «Dios, no siento amor por esta persona, perdóname. Por favor, dame un poco de tu presencia, porque aquí no tengo más». Y él lo hace.

Dios toma posiciones claramente definidas en muchos temas, como la decepción (Salmos 101:7), la falta de amor (Mateo 24:12), el egoísmo (Santiago 3:16) y la irresponsabilidad (Proverbios 20:4). Pero como Creador, Padre y Redentor, él ama y desea buenas cosas para la persona que te altera.

DIOS ENTIENDE EL PROBLEMA

Dios es el arquitecto de las relaciones. Él diseñó la naturaleza de las conexiones humanas, en toda su complejidad, y la manera en que ellas funcionan. Él es en sí mismo una relación.

Dios planeó la vida y las relaciones de acuerdo con reglas y leyes que operan de cierta manera y que, como él, no fallan. Cuando vivimos sujetos a ellas, la vida tiende a ir mejor. Si, en cambio, nos oponemos, las cosas podrían —y de hecho lo hacen— colapsar.

Tomemos la ley de la siembra y la cosecha, de Gálatas 6:7: «No se engañen: de Dios nadie se burla. Cada uno cosecha lo que siembra». La idea básica es que cada acción tiene sus consecuencias. Si sembramos amor, humildad y responsabilidad, cosecharemos lo mismo. Si fallamos al sembrar estas cosas buenas, experimentaremos desconexión, reacciones de nuestro orgullo y pérdidas.[1]

He visto funcionar poderosamente la ley de la siembra y la cosecha cuando las personas permiten que los que los alteran la experimenten. En cambio, la he visto interrumpida por rescatadores bien intencionados. «Porque el Señor disciplina a los que ama» (Hebreos 12:6). No cometas el error de ponerte en medio de tu persona difícil y las reglas de Dios.

DIOS ENTIENDE EL PLAN

Dios tiene un propósito y un plan para la persona que te altera, tal como lo tiene para ti. Ese propósito es la reconciliación. La reconciliación es el proceso a través del cual las partes enemistadas resuelven sus diferencias y se vuelven aliadas nuevamente. Es una de las cosas en las que Dios está más interesado para la humanidad: «En Cristo, Dios estaba reconciliando al mundo consigo mismo, no tomándole en cuenta sus pecados y encargándonos a nosotros el mensaje de la reconciliación» (2 Corintios 5:19).

Dios quiere que tu persona difícil se reconcilie con su propio corazón, con otras personas y con él mismo. Su comportamiento indica que al menos una de esas tres áreas de reconciliación no está funcionando. Tal vez la persona no esté completamente conectada con Dios y con su vida. Ciertamente no está reconciliada contigo y es probable que no lo esté con otros. Puede que haya áreas de su vida que no estén reconciliadas con otras, lo cual la pone en conflicto, especialmente, en las relaciones. Una de las mejores cosas que puedes hacer es pedirle a Dios que reconcilie a tu persona difícil en estas tres áreas de su vida.

DIOS TE QUIERE

Dios no está interesado en resolver los problemas de relaciones simplemente para hacerte feliz. La felicidad es la consecuencia de estar conectado con *él*. Dios no quiere ser tu calmante. Dios te quiere a *ti*. «Si alguno oye mi voz y abre la puerta, entraré, y cenaré con él, y él conmigo» (Apocalipsis 3:20). Dentro y durante tu relación difícil, Dios tal vez esté obrando en ti para que lo conozcas mejor.

Tengo una amiga cuyo marido es una persona que la alteraba. Las luchas que sufrió durante su matrimonio la cambiaron de manera profunda y permanente. Por ejemplo, ahora abraza el dolor. No disfruta el dolor, pero no se aleja de aquél que pueda hacerla crecer espiritual y personalmente. Ella ve a Dios, detrás del dolor, y se mueve hacia él.

QUÉ ES LA FE

Abraham siguió a Dios por fe, al igual que tienes que hacerlo tú: «Por la fe Abraham, cuando fue llamado para ir a un lugar que más tarde recibiría como herencia, obedeció y salió sin saber a dónde iba. Por la fe se radicó como extranjero en la tierra prometida, y habitó en tiendas de campaña con Isaac y Jacob, herederos también de la misma promesa, porque esperaba la ciudad de cimientos sólidos, de la cual Dios es arquitecto y constructor» (Hebreos 11:8-10).

Abraham fue llamado. Dios se acerca a nosotros de maneras muy diversas. La fe tiene que ver con reconocer el llamado: sea en forma de zarza ardiente, un versículo de la Biblia que resalta en la página, una conversación por teléfono o un e-mail de un amigo.

Presta atención: escucha el llamado. Estar atento no es fácil, en un mundo de teléfonos celulares y mensajes instantáneos. Probablemente necesites apartar un par de minutos durante el día para escuchar el silencio o la suave voz entre el estruendo de la vida moderna.

Confiésale a Dios que ya se te agotaron los recursos con tu persona difícil. Pídele ayuda, y hazle saber que estás abierto a cualquier manera que él responda y a cualquier dirección que él disponga. Hazlo sinceramente «pero no sea lo que yo quiero, sino lo que quieres tú» (ver Mateo 26:39). Esto sólo tiene sentido, siempre y cuando las soluciones no te hayan ayudado. Este es el momento verdadero de escuchar la voz de Dios.

ESCUCHAMOS Y RESPONDEMOS

Abraham se dirigió a un lugar que no conocía. Eligió hacerlo en fe, sin intentar controlar la situación. Llegó a un territorio desconocido, en una tierra extranjera, fuera de su área de comodidad.

Podrías pensar: *tampoco estoy en un área de comodidad,* pero eso no es verdad. Tal vez seas miserable en tu relación, pero hay comodidad en lo malo conocido; puedes saber cómo arreglártelas y andar con pie de plomo. Quizá hayas comprendido cómo proteger la economía de la irresponsabilidad de él. Tal vez sepas evitarlo cuando tiene un mal día. Estas cosas funcionan en un modo de vida de supervivencia, y hay comodidad en estas estructuras.

Puedo asegurarte que crecer en fe te sacará fuera del área de comodidad con la persona que te altera. Tal vez tengas que decir cosas que tienes temor de decir o hacer otras que no estás acostumbrado a hacer; o tengas que tratar con algunas cosas dentro de ti que son dolorosas. Pero cuando lo miras de manera realista, ¿cuáles son las alternativas? Se reducen a volver a tus viejos métodos, que no han funcionado, lo cual quiere decir que las cosas pueden empeorar.

LA FE SIGNIFICA ESPERANZA

Abraham tuvo un futuro de esperanza. Vivió en tiendas, pero esperaba la ciudad con fundamentos. «Fundamentos» se refiere a estabilidad y fuerza. Es la esperanza de un futuro con paz y seguridad.

Estarás viviendo en una tienda por un tiempo: la tienda de nuevas experiencias, pensamientos, sentimientos y riesgos. Pero hay una ciudad aguardando, que puedes esperar, la ciudad de una vida mejor: la de Dios, una vida de relaciones y de libertad que verá a tu persona difícil entrar en el proceso de crecimiento y de cambio por sí misma. ¡Vale la pena acampar en una tienda!

Entiende que esta vida de fe no significa desear o querer. Eso coloca el poder en manos de la persona que desea, tú. El poder de la fe verdadera tiene sus raíces en la sustancia y la realidad de objeto de esa fe: Dios. Nadie puede manejar personas difíciles como lo hace él. Durante los últimos años, he visto a Dios hacer milagros con personas que alteran los nervios de cualquiera. La presencia de Dios y su proceso de crecimiento *son* de confianza. Invítalo a él.

MEJORAR LA VIDA

1. Tal vez, ya estés orando de la siguiente manera: «Dios, ayúdame a saber cómo tratar con esta persona». Ahora añade a esa oración: «Ayúdame a ver qué es lo que tú me quieres enseñar en todo esto *acerca de mi vida contigo*».

2. Pídele a Dios que te coloque en la posición correcta para ser parte del proceso de crecimiento de la persona que te altera. Cualquier cosa que él te pida, será para ti, para la otra persona y para la relación.

CAPÍTULO 7
PREPÁRATE PARA CRECER

Algo se puede decir sobre tu vida tan llena: que las personas
vacías desean lo que tú tienes

Nunca olvidaré el día en el que accidentalmente descubrí el misterio, detrás de la desconexión entre Kevin y Cheryl. Kevin llegó tarde para su reunión de consejería, y no era la primera vez. Cheryl explotó. Luego, de reojo, me di cuenta de que Kevin estaba sonriendo (una sonrisa pequeña y reservada). Al principio trató de negarla, pero Cheryl también la había visto. Finalmente, Kevin lo admitió. Él estaba interesado en parecer un hombre normal con una esposa loca.

«Entiendo tu enfado ahora —le dije a Cheryl—. A veces Kevin te tiende una trampa; pero nunca tendrás el matrimonio que quieres si continúas permitiendo que él te provoque tan fácilmente con sus acciones disimuladas». De ahora en adelante quiero que digas: «Me siento desconectada y herida. ¿Eso fue a propósito, o yo hice algo para hacerte enojar? ¿Me dirías que pasó, así nos podemos reconectar nuevamente?»

Al hacer el primer movimiento sano, Cheryl comenzó a acercarse a Kevin. Finalmente, la persona que alteraba cambió de una manera considerable. Tu propio crecimiento personal es tu segundo recurso para tratar con la persona difícil.

SÉ UN AGENTE DE CAMBIO

Recuerda que las personas difíciles carecen del sentido de asumir sus problemas. Hasta que eso no se trata, no ocurre nada importante. Una de las maneras en que puedes ser agente de cambio es ser una persona que haga todo lo contrario: que se hace cargo de sus errores. Al tomar la responsabilidad adecuada por tu vida, cambias la naturaleza de la relación hacia el crecimiento. Al asumir lo que debes y no apropiarte de lo que no es tuyo, la persona que te altera tiene menos lugar para culparte y negar, y tiene más incentivo para cambiar.

Esto puede explicarse como un tema de luz y oscuridad. Cuanto más estás en luz, es decir, completamente expuesto al amor, la verdad, y el proceso de crecimiento, más te vuelves luz. La oscuridad y el ocultamiento de la persona difícil reaccionan con la luz. No se puede permanecer neutral por mucho tiempo, tal como la luz y la oscuridad no son compatibles. Tal vez sea atraído por la luz y comience a cambiar, volviéndose una persona de luz. O sienta que deberían cambiar muchas cosas y se vuelva antagonista hacia la luz, y se mueva contra ella o lejos de ella. «Esta luz resplandece en las tinieblas, y las tinieblas no han podido extinguirla» (Juan 1:5). De una u otra forma, hay movimiento, y eso es bueno.

RECUPERA TU FELICIDAD

Uno de los principios más poderosos para ayudarte a comenzar a ver un cambio en tu relación con tu persona difícil requiere recuperar el control de tu felicidad. La Biblia dice que tu vida es *tu* vida, y tendrás que dar cuentas según cómo la hayas vivido. «Así que cada uno de nosotros tendrá que dar cuentas de sí a Dios» (Romanos 14:12).

APRÓPIATE DE TU VIDA

Amanda tuvo un conflicto con su mejor amiga, Pam, y esta terminó la relación abruptamente. Unos meses después, el dolor y los sentimientos seguían siendo intensos. No podía sacarse a su amiga de la cabeza. Debido a que Pam no le había dado ninguna explicación del distanciamiento, Amanda no tuvo un cierre de la relación, lo que la hacía sentir culpable y confundida. Incluso se volvió un poco obsesiva con el problema, dejándole mensajes y enviándole e-mail a Pam y hablando con amigos en común acerca de lo que había sucedido. Pam tenía el control de la felicidad y del bienestar de Amanda. Esta tenía un reclamo legítimo, pues necesitaba una respuesta de parte de Pam para poder sentir que las cosas tuvieran sentido y dejarlas ir. Pero también precisaba abandonar, incluso, las cosas pendientes. Para ser capaz de seguir adelante, a Amanda le hizo falta el cierre de la relación en otro aspecto de su pena: extrañaba a Pam y, también, tener respuestas e información. Amanda pudo detener su comportamiento obsesivo y recuperar su vida, a través del dolor y de la renunciación.

Involúcrate en lo que era significativo y bueno antes de que haya comenzado el problema con la persona que te altera. Acércate a personas que se identifiquen con tu estado de ánimo, pero que también te hagan saber que quieren una relación contigo más fuerte, y no sólo la solución a un problema. Haz cosas que no tengan nada que ver con tu persona difícil. Aprópiate de tu vida.

DEPENDE DE LAS PERSONAS CORRECTAS

Deseas buenas cosas de tu persona difícil: amor, respeto, ternura, responsabilidad, afirmación y demás. No hay nada malo en desear eso. El deseo mantiene unidas a las personas y ayuda a satisfacer las necesidades mutuas. Pero un tema completamente diferente es posponer un aspecto importante de tu vida y esperar que la otra persona coopere para que tu vida mejore. Por ejemplo, si tienes un compañero de trabajo difícil, quizá estés pensando en el problema todo el tiempo. Hablas con amigos y otros compañeros al respecto. Haces diversos intentos para cambiar las cosas; pero te das cuenta de que, cada vez que tu compañero de trabajo complicado exterioriza las cosas nuevamente, tu propio día se vuelve desastroso. ¡La persona que te altera está a cargo de tu felicidad! Te sientes frustrado e impotente, y la persona difícil no cambia.

La solución es dejar de depender de la persona que te altera y prestar atención a personas que logren satisfacer tus necesidades de afirmación, empatía, estructura y realidad. Cuando lo haces, a menudo hay dos resultados importantes:

El primero es que la persona difícil comienza a extrañarte, ya que no la molestas ni te aferras más a ella. Debe haber lugar para que la otra persona sienta nostalgia. El segundo resultado es que cuando no dependes de ella, es más probable que la persona que te altera sienta sus propios problemas y su propio vacío. Cuando dices: «Me voy con unos amigos; nos vemos», le es más difícil evitar su propia oscuridad y experimentar lo que necesite tratar.

ENFRENTA TUS TEMORES

Puede ser más fácil vivir a la defensiva con la persona que te altera que enfrentar la ansiedad de volverse una persona separada e independiente. Es como la parábola que enseñó Jesús acerca de los trabajadores que recibieron cinco talentos, dos talentos, y un talento para invertir. El que tenía menos talentos escondió el suyo bajo la tierra porque tenía temor. Como es de esperar, el amo estaba descontento con él y lo llamó malo y perezoso (Mateo 25:14-30 RV60).

Tómate un tiempo para descubrir cuáles son tus talentos, gustos e intereses. Quizá te des cuenta de que tienes que tratar con el temor al fracaso, al escenario, o a cambiar. Enfrenta los temores y vuélvete una nueva persona. Toma el control de tu vida, en lugar de esperar que la persona difícil cambie antes de que tengas una vida. El retomar el control de tu vida no hace que seas malvado o desamorado con la persona que te altera. De hecho, estás haciendo algo realmente bueno por ella. Estás siendo transformado en alguien que puede tratar con los problemas amorosamente y no con temor, necesidad o desesperación.

VUÉLVETE LO QUE RECLAMAS

Cuando comienzas a crecer y a cambiar, te vuelves un ejemplo de cómo el amor, las relaciones, la responsabilidad y la libertad pueden funcionar juntas con un buen resultado. Algo se puede decir sobre tu vida tan llena que las personas vacías desean lo que tú tienes.

Las siguientes son dos ideas prácticas para ayudarte a aplicar tu vida y tu crecimiento en la persona que te altera.

DESHAZTE DEL PAPEL DE ESTAR EN VENTAJA

Evita cualquier papel de CONTROLADOR, como si fueras superior a la persona que te altera porque eres feliz e independiente, o como si estuvieras contento porque ella no está haciendo las cosas bien y tú, sí. Esa es una posición peligrosa y arrogante. Recuerda que en cierta manera tú también estás incompleto, y necesitas la gracia y la ayuda de Dios y de otras personas.

DEFINE QUIÉN ERES

Uno de los aspectos más poderosos de tu vida que puede ayudar a quien te altera es volverte una persona *definida*. Es decir, necesitas ser claro, honesto y directo acerca de *quién eres, qué piensas* y *qué quieres.*

Una persona definida no pierde el equilibrio fácilmente. Es como un ancla en una tormenta. Se preocupa, pero no deja de ser quien es. Se mantiene estable con una persona difícil. Por ejemplo, es amable con las personas pesadas, pero mantiene cierta distancia y separación. Es estricto con la ira, no la tolera o la deja hasta que pasa; no trata de arreglarla.

Este tipo de definición otorga una estructura para que la persona difícil interactúe, experimente, aprenda e interiorice. A menudo, las personas difíciles son muy inestables en su interior y necesitan de alguien fuerte que les provea la estructura que necesitan.

Existe una diferencia enorme entre desear el crecimiento de alguien y *depender* del crecimiento de alguien. Como dice el refrán: Ora como si todo dependiera de Dios y trabaja como si todo dependiera de ti. Aunque debes esperar en Dios y en su proceso, aun así, como hemos dicho, las personas son libres; y no tienes ninguna garantía de que tu vida cambiada cambie a la persona que te altera. Elabora mentalmente la posibilidad de que la persona difícil tal vez no entienda el mensaje. Aunque te entristezcas, estarás en un lugar de amor y de comodidad. Continúa invirtiendo en la vida y en las cosas buenas, mantente lleno de amor y de apoyo, y serás un faro de esperanza para tu persona difícil.

MEJORAR LA VIDA

1. ¿Hasta qué punto eres el propietario de tu vida? Pregúntate si deseas crecer y cambiar.

2. ¿A qué le temes más al reclamar tu felicidad a la persona que te altera? ¿Cómo comenzarías a superar ese sentimiento?

CAPÍTULO 8

ENCUENTRA A OTROS QUE SEAN PRUDENTES Y SANOS

Tienes garantizado el fracaso con una persona difícil si no te rodeas de las personas correctas

Aconsejé a una mujer cuyo hermano discutía, provocaba y criticaba frecuentemente. Ella era una persona muy solitaria con serios problemas de confianza y, sin nadie que la apoyara, no podía tratar con su hermano eficazmente. Comenzamos a intentar enseñarle a establecer conexiones sanas con otras personas. Finalmente, ella entabló algunas relaciones buenas. Y cuando sucedió eso, las cosas con su hermano comenzaron a cambiar.

Pudo confrontarlo cada vez que él se salía de la raya. Era más directa acerca de cómo quería ser tratada. Incluso tenía más empatía por las luchas de su hermano. Él se hizo más consciente de sus acciones, y la relación se volvió más beneficiosa para ambos.

Tienes garantizado el fracaso con una persona de este tipo si no te rodeas de las personas correctas, porque se necesita una relación para transformar una relación. Las personas prudentes y sanas son el tercer recurso para tratar con las difíciles.[1] Pueden desempeñar ese papel de dos maneras: la primera tiene que ver con tu propia vida y crecimiento; la segunda se relaciona con otorgarte la ayuda específica para tu situación con tu persona difícil. A menudo, las dos coinciden. Lo más importante es que todas las funciones mencionadas a continuación estén en actividad, sea con dos grupos de amigos diferentes, con uno solo o con una combinación de los dos.

NECESITAS PERSONAS PARA LA VIDA Y EL CRECIMIENTO

Las relaciones proveen un apoyo valioso para todos nosotros, ya sea que estemos tratando con una persona difícil o no. Y es, como el sistema operativo de tu computadora, la base que hace que todo funcione.

ACEPTACIÓN

La aceptación es parte de la provisión de gracia que todos necesitamos. Ser aceptado es ocuparse de la condición actual —sea cual fuere— tal como es: «Acéptense mutuamente, así como Cristo los aceptó a ustedes para gloria de Dios» (Romanos 15:7). Necesitas personas en tu vida que no requieran tener todo junto para estar conectadas y seguras.

ENTENDIMIENTO

Te hacen falta personas que puedan «estar ahí» contigo. Es de mucha ayuda que alguien verdaderamente «entienda» tu experiencia: «Los pensamientos humanos son aguas profundas; el que es inteligente los capta fácilmente» (Proverbios 20:5).

RESPUESTA

A menudo tenemos puntos débiles que sólo pueden notar los otros. Pide ayuda para crecer como persona y no resistas ninguna respuesta auténtica. ¿Las otras personas ven sentimientos en tu expresión facial, que tú no percibes? ¿Notan alguna actitud negativa que deberías tener en cuenta? ¿Existen maneras de percibir, a ti o a otros, que deberían ser tratadas?

Las personas en un contexto de grupo pueden ser una rica fuente de buenas respuestas. Como una segunda familia, el grupo puede dar lo que no proveyó la primera y ayudar a reparar cualquier daño hecho por ella.

NECESITAS PERSONAS QUE PUEDAN AYUDAR

Además del apoyo mencionado anteriormente, necesitas otras cosas de los que desean ayudarte a navegar por tu situación con la persona que te altera. Aquí está lo que estás buscando.

NORMALIZACIÓN

La normalización es la capacidad de transmitir el sentido de que no eres aberrante, diferente o malvado, por tener una persona que te altera. Tal vez estés contribuyendo al problema de alguna manera, pero no eres la causa de que ella se comporte de la forma en que lo hace. Tu vida es complicada, y así son las cosas.

SABIDURÍA

Definida como la capacidad de vivir con habilidad, la sabiduría proporciona el camino que necesitas. Las personas sabias pueden dirigir, guiar, corregir y proveer respuestas acerca de tu situación.

Algunos la adquirieron en la escuela de la experiencia, por su trato con personas difíciles. Pueden entender tu relación más profundamente y advertirte qué obstáculos evitar.

Los buenos pastores, consejeros y terapeutas poseen sabiduría que proviene de un entrenamiento formal; han estudiado personas que alteran y saben qué es lo que las motiva y qué las ayuda a cambiar.

EXPERIENCIA

Las personas sanas de tu equipo pueden ayudarte a obtener la experiencia que necesites. Por ejemplo, pueden practicar contigo lo que le dirás a la persona que te altera, hacerte una crítica y sugerir algunas formas mejores de hacerlo. La práctica es el ensayo general que te prepara para el momento verdadero, del que hablaremos en el capítulo 10.

Recientemente, en una conferencia, comencé un ejercicio de este tipo y pedí un voluntario que representara el papel defensivo y culposo de la persona que altera. Yo desempeñé el papel de alguien que maneja la situación bien. Luego pregunté a todos en la conferencia cuáles habían sido sus reacciones.

Una persona dijo: «Nunca pensé que tratar de recuperarse era correcto». Otra dijo: «Pensé que estar enamorado significaba dejar que la otra persona controlara la charla». Otros comentaron cosas como: «Nunca he visto cómo combinar la gracia y la verdad. Siempre me enloquezco o me doy por vencido. No creo que me ponga tan nervioso la próxima vez». Practicar con personas de tu sistema de apoyo te otorga experiencia y confianza.

REALIDAD Y PERSPECTIVA

Muchas personas que se preocupan por una persona difícil se sienten bastante inseguras y desorientadas acerca de sus propias opiniones, pensamientos y experiencias. Las personas sanas y seguras pueden reorientarte hacia lo que es real.

A menudo, a los que tienen a alguien difícil les receto que generen una «relación sándwich». Antes de tener una conversación polémica con la persona que la altera (lo trataremos en más detalle en el capítulo 10), se encuentran con su grupo de ayuda y obtienen oración, aliento, consejo y amor. Poco después de la conversación difícil, a veces unas horas más tarde, se vuelven a encontrar con su grupo de ayuda y estudian lo sucedido: «Dijiste lo correcto... Si pensara que ella tenía razón acerca de lo que dijo sobre ti, te lo diría, pero escuché tu historia, y creo que ella te culpa por todo... Estoy orgulloso de ti. ¡Que paso tan grande! ... Bueno, tal vez creas que ella te odia, pero nosotros te amamos... Sigue este buen trabajo».

NO TE RETIRES

En el capitulo 11 veremos cómo establecer y mantener los límites con la persona que te altera. Las personas sanas y seguras sirven como guardianes de ellos cuando estás en peligro de no mantenerlos. Este es un bello ejemplo de cómo se supone que el cuerpo de Cristo, la Iglesia, apoye a los miembros débiles: «Ayúdense unos a otros a llevar sus cargas, y así cumplirán la ley de Cristo» (Gálatas 6:2).

Observé esto en acción con una mujer, cuyo marido tenía una aventura amorosa y se había ido de la casa. La situación la había descolocado, pero rápidamente se conectó con un grupo de crecimiento que yo lideraba.

Un día ella vino al grupo y dijo que su esposo la había llamado y planeaba visitarla. Ella lo extrañaba terriblemente, incluso después de lo que él le había hecho, y quería verlo. Sabía que era probable que tuviera sexo con él. Ya lo había hecho anteriormente varias veces.

El grupo la escuchó, luego le habló acerca de la realidad de lo que ella quería y qué significaría ceder para ella y para sus planes. Pude verla juntando fuerzas mientras todos le hablaban. Finalmente, dijo que iba a cancelar la visita, y así lo hizo. Al tiempo, su marido terminó con la aventura amorosa, buscó ayuda y finalmente volvió a su casa. El grupo le dio fuerzas para no retirarse cuando ella no podía tenerlas por sí misma.

TRATOS DIRECTOS

Hay momentos en que otras personas pueden ayudar, al estar directamente involucradas con aquélla que te altera. Generalmente, cuanto más la persona difícil respeta o se identifica con estas otras personas, más poderosos son los efectos.

Encontrarse y hablar. Cuando te sientes muy débil para manejar tú solo a quien te altera, otras personas pueden hablarle. Esto tiene como efecto enfatizar la realidad de que existe un problema.

Intervenciones. Una intervención es una reunión intensa con una persona que se niega y está fuera de control en alguna área, por ejemplo, el abuso de drogas. Todos los que se preocupan por ella (familia, amigos, compañeros de trabajo) se reúnen y la confrontan en forma amorosa pero directa acerca de lo que se está haciendo a ella misma y a otros, y la exhortan a que busque ayuda. Existen personas en todo el país que están formalmente entrenadas para realizar intervenciones en diversos problemas.

Neutralizar. Una vez un hombre y su jefe me hicieron una consulta acerca de su relación. El hombre pensaba que su jefe lo controlaba, y este creía aquél no podía manejar la autoridad. Luego de escucharlos, le dije al empleado que yo concordaba con el jefe:

—Él no te ha pedido nada que esté fuera del ámbito de trabajo. Pareciera que te resistieras al hecho de tener un jefe.

El hombre pensó lo que le dije y respondió:

—Sabe, lo comprendo.

El jefe estaba enojado:

—¡Eso es exactamente lo que le he estado diciendo! ¿Cómo es que viene usted y lo escucha?

—No lo sé —dijo el hombre—. Es que él lo dice de una manera mejor.

No lo dije mejor que el jefe. Pero al no ser el jefe, me percibían como alguien neutral.

Presión sobre el tiempo. Tus relaciones seguras pueden representar un servicio muy valioso al mantener su presencia en la vida de la persona que te altera. De una manera cariñosa, continúan poniendo presión. Se destinan a esperarla, en un sentido. Continúan llamándola, reuniéndose, procesando el problema con ella e invitándola a cambiar. Le ofrecen su ayuda y apoyo.

Este tipo de presión puede ayudar a disolver la resistencia y la reserva. Los patrones del carácter tienden a empeorar en la oscuridad y a mejorar a la luz de las relaciones.

CÓMO ACERCARSE

¡Conéctate con el ayer; pero no lo hagas solo! El «puedo hacerlo yo solo» es orgullo y temor, y no es bueno para ti. Existen diversos lugares donde puedes encontrar personas que sean parte de tu red de apoyo.

«RELACIONES DE CAFÉ»

Éstos son amigos con los que te encuentras cuando puedes, para ponerte al día con las noticias. Pueden ayudarte mucho y proporcionarte apoyo y aliento; así, saldrás de la reunión informal con coraje para enfrentar un nuevo día.

APOYO ESTRUCTURADO

La gravedad de tu situación con una persona difícil te permitirá saber si necesitas más que una relación con amigos. Generalmente, recomiendo continuar con el siguiente paso, que consiste en una pequeña clase grupal que se encuentra regularmente, para el crecimiento espiritual y emocional. La estructura otorga firmeza y confiabilidad en el contacto, y eso es muy importante. Los grupos de crecimiento y algunos estudios de la Biblia son buenos recursos.

GRUPOS LIDERADOS POR TERAPEUTAS

Una ayuda más centralizada es un grupo que trata específicamente con tu tipo de relación complicada. Este grupo puede involucrar a personas que estén teniendo la misma experiencia y está liderado por un facilitador entrenado o un terapeuta. Aquí hay más tiempo y energías puestas en ti, y se encuentra la manera para enfrentar tu situación.

PERSONALMENTE

La ayuda individual también puede ser muy beneficiosa. A este nivel, el tiempo es dedicado a tu situación y las maneras para resolverla. Incluso, si tu persona difícil es un esposo o esposa o un hijo adulto que no va a asistir contigo a escuchar los consejos, asiste tú solo para tu propio crecimiento y apoyo, y los beneficios circularán hacia la persona que te altera.

MEJORAR LA VIDA

1. ¿Cuáles son las personas de tu red de apoyo? Enuméralas y también los procesos descritos en este capítulo que pueden ofrecer. ¿Qué tipo de ayuda necesitas añadir a tu sistema de apoyo?

2. Corre el riesgo, toma el teléfono y llama a las iglesias que se encuentren cerca para saber qué oportunidades ofrecen de grupos de crecimiento.

CAPÍTULO 9
TOMA UNA POSICIÓN

Dios es «para» ti: Esa es la posición de la gracia en su esencia

Scott estaba al final de la cuerda con su hija, Kim. Nada funcionaba. Pensó que necesitaba un plan mejor.

Le dije: «Tal vez sea verdad, pero aún no estás preparado para un plan. No has comprendido la posición básica hacia Kim como persona, estás desorganizado. Antes de hablar sobre un plan, necesitas tomar una posición con Kim que no cambie, y luego podemos comenzar a planear».

¿Qué es una posición? Dicho simplemente, es un punto de vista hacia alguien, una actitud tolerante y de guía que te ayuda a dirigirte.

Tomar una posición es el cuarto recurso para tratar con personas difíciles.

Hay cuatro, relacionadas entre sí, que necesitas adoptar.

QUIERO LO QUE ES MEJOR

La primera posición por tomar es estar «a favor de» la otra persona y de tu relación; quieres lo mejor para ella y para los dos. Nada podría ser más diferente de lo que se pudiese pensar que eso, pero es lo mejor que se puede hacer. Dios está «a favor de» nosotros. Esa es la posición de la gracia en su esencia: que así como Dios nos da favor, debemos darlo a otros.

¿Por qué la posición es tan importante? El cambio y el crecimiento nunca son fáciles, incluso para las personas que lo adoptan como algo bueno. La persona que te altera ha evitado el camino por muchos años. Nadie puede realizar un cambio verdadero sin la gracia y el apoyo de otros que lo ayuden a lo largo del recorrido. Es así de difícil: le estás pidiendo a la persona que te altera que se arrepienta, que vea las cosas a tu manera, que escuche las respuestas, que se abra para obtener ayuda y muchas otras cosas más. Necesitará el cariño, el tiempo y la paciencia que traen la gracia y el amor.

LO QUE NO SIGNIFICA ESTAR «A FAVOR DE»

Primero, estar del lado de alguien no significa estar de acuerdo con lo que está haciendo. La gracia es como el océano, nos rodea y constantemente nos sostiene. El acuerdo es un bote específico y finito en ese océano. Si no te pones de acuerdo, cambias el bote a otra posición, pero continúas en el océano.

Aquí va un consejo: Ten cuidado de no permitir a la persona que te altera que suponga que la gracia y el amor igualan al consentimiento.

Aclara, aclara, aclara. «Quiero asegurarme de que esté todo claro entre nosotros, Denise; te apoyo totalmente, te acepto y te amo; estoy de tu lado, y a favor de nosotros como relación. Pero al mismo tiempo, tu malhumor con la familia es un verdadero problema. Y voy a continuar tratando con eso».

La gracia y el estar del lado de alguien tampoco significan rescate. Cuando rescatamos, tomamos el peso del problema en nuestros hombros en lugar de dejarlo en los hombros de la persona difícil. Estar «a favor» no quiere decir alejar a alguien de la realidad, sino que significa otorgarle el amor y el apoyo que necesita para tratar con ella.

Estar del lado de alguien no se trata de lo que es justo. A veces, no parece justo ser compasivo con la persona que te altera. ¡Hemos hecho tanto, y ella ha hecho tan poco como respuesta! Pero Dios se puso de nuestro lado cuando menos lo merecíamos. Vino a nosotros cuando nos habíamos alejado de él. Date cuenta de que también necesitas gracia. Cuando eres realmente honesto acerca de quién eres, ves con más claridad lo que significa que Dios está a *tu* favor, y en qué situación apremiante te encontrarías si ese no fuera el caso. Aquellas personas que aprecian que Dios esté de su lado pueden otorgar gracia a otros con mayor libertad.

MI CRECIMIENTO ES BUENO PARA NOSOTROS

Relacionada con la posición «a favor de», pero un poco diferente, se encuentra la posición de que tu propio camino de crecimiento beneficiará la vida de tu persona difícil. Las cosas que estás aprendiendo y los cambios que estás haciendo, como lo vimos en el capítulo 7, deben ayudar a la persona que te altera. Tu crecimiento puede ser una bendición para ella. ¡Podrías estar volviéndote el ser más alentador, cariñoso, alegre, humilde, honesto, responsable y calmo que tu persona difícil jamás haya visto! Y él tal vez pensaría: *«¡Vaya, tengo un problema aquí!»*.

ME PREOCUPO POR LA LIBERTAD

Aunque tu persona difícil utilice su libertad para causarte problemas, debes adoptar una posición de preservar su libertad para tomar decisiones equivocadas. Necesita ser libre —para negar, ser egoísta, estar retraída, ser irresponsable o controlar—, para que exista una esperanza de que tome una elección auténtica. Esto no significa que tu apoyo a la libertad de la persona que te altera deba permitir que ella te dañe. Toma responsabilidad para protegerte si él es inseguro contigo.

Permite que la persona que te altera sepa: «Quiero que las cosas cambien entre nosotros, y necesito que tú modifiques algunas. Pero no debes hacerlo. Puedes elegir no hacerlo. No te voy a detener. Podré tener una respuesta, y podemos hablar acerca de ella. También me protegeré. Pero quiero que sepas que tienes libertad, y no trataré de controlarte. Si cambias, quiero que lo hagas porque crees que es lo mejor».

Simplemente, no puedes perder con esta posición.

ESTOY DISPUESTO A CONFRONTAR

Esta posición está relacionada con la actitud de que la relación es lo suficientemente importante para ti como para soportar el conflicto y la discordia con tal de que las cosas vayan mejor.

Steve era un esposo intimidador que controlaba a Ann y a sus hijos, al explotar y enojarse cuando las cosas no se hacían a su modo. Ann era la que mantenía la paz, que trataba de andar con pie de plomo cuando él se enojaba. Lo calmaba cuando se enfadaba, accediendo a todo lo que él quería. Pero la siguiente vez que él se molestaba, volvía a explotar.

Le mostré a Ann Proverbios 19:19: «El iracundo tendrá que afrontar el castigo; el que intente disuadirlo aumentará su enojo». Le dije: «Estás tomando la responsabilidad por el temperamento de Steve, y, con el tiempo, está empeorando, en lugar de mejorar. Algo debe cambiar. Quiero que tomes una posición con Steve, contigo y con tu matrimonio; y creo que la correcta es que estés dispuesta a confrontarlo».

Ann no estaba entusiasmada, pero accedió. Trabajó mucho para tomar esta posición. Trató con sus temores acerca del enojo de las personas. Obtuvo apoyo. Practicó la solución al conflicto. Y comenzó a confrontar a Steve, primero en mi oficina, y luego en su casa, a solas con él.

A Steve no le agradaba nada de esto, pero soportó el consejo y a Ann. Más tarde, después de que todo se había resuelto, Steve estaba agradecido con Ann. Le dijo: «Probablemente estaría alejando a todos de mi vida si te hubieras dispuesto a ceder».

MEJORAR LA VIDA

1. ¿Cuál de las cuatro posiciones descritas en este capítulo son las más fáciles para ti? ¿Cuál es la más difícil?

2. ¿Cuáles son las necesidades legítimas que tiene la persona que te altera? ¿Qué le gusta hacer? ¿Qué la hace sentirse amada? ¿Cómo puedes ayudarla con sus metas? Ciertamente, no seas parte de ninguna acción equivocada o dañina, pero acércate a su vida tanto como puedas.

CAPÍTULO 10
UTILIZA LAS PALABRAS CORRECTAMENTE

*No sería un problema para ti si no te afectara de una
manera negativa*

Si aun con los recursos que hemos presentado hasta ahora no has hablado sobre el problema con la persona que te altera, ella podría tomarlo como un signo de que eres feliz con la manera en que son las cosas. Este capítulo descubre los elementos necesarios para utilizar las palabras correctamente, que es tu quinto recurso para tratar con las personas difíciles.

Toda conversación tiene dos dimensiones: tono y contenido. El tono tiene que ver con cómo suena tu voz, y el contenido es lo que dices.

TONO: HABLA DESDE TU CORAZÓN

El tono con el que comienzas y llevas la conversación debe tener como propósito transmitir la primera posición de la que hablamos en el capítulo nueve: que estás «a favor de» la persona y de la relación.

SÉ CÁLIDO

La calidez transmite seguridad y cuidado, y esa postura es la mejor oportunidad de evitar que la persona que te altera se vuelva aún más cautelosa o defensiva de lo que ya es.

Tal vez no sientas calidez por ella a causa de lo que ha hecho. De ser así, antes de hablar con ella, confiesa y procesa esos sentimientos con tu sistema de apoyo. De lo contrario, te arriesgas a intensificar las cosas y a no obtener los resultados que deseas.

HABLA DESDE TU EXPERIENCIA

Habla desde el corazón. Utiliza el pronombre «yo» en tus frases lo más posible, y habla de lo que *tú* sientes, piensas y percibes. No suenes como si tu realidad fuera la autoridad final. Lee estas dos declaraciones para ver el contraste, y planifica lo que quieres decir según el segundo ejemplo, no el primero.

Siempre estás enojado conmigo, y debes cambiar.

Me parece que te enojas conmigo muy seguido, y me es difícil acercarme a ti.

CONTENIDO: UN JUEGO FAMILIAR DE ROLES

Ahora vamos a construir un juego de roles para lo que quieres decirle a la persona que te altera. Los siguientes elementos están en un orden general, pero pueden ser flexibles. Conocerás cada paso mediante la respuesta que obtengas.

DECLARA LO BUENO

Comienza declarando lo que es bueno en la otra persona y en tu relación. Puedes comenzar de la siguiente manera:

> *Gracias por encontrarte conmigo. No te lo hubiera pedido si no hubiera pensado que es importante, y quiero que sepas que eres importante para mí. Estoy de tu lado, y quiero que las cosas estén bien para ti y para nosotros. Hay un montón de cosas entre nosotros que quiero mantener y desarrollar. Tienes tantas cosas buenas, como tu trabajo ético y tu sentido del humor.*
>
> *Todo lo que quiero hacer en esta conversación es hablar acerca de un problema para poder solucionarlo. Quiero sacarlo del camino porque se está poniendo en medio de nosotros y me lastima. Quiero tener una vida buena e intimidad contigo. ¿Qué te parece?*

Espera la respuesta y luego, si necesitas, aclara: *Estoy diciendo que te amo y quiero estar cerca de ti nuevamente, y este problema es como una piedra en medio del camino. Sólo quiero quitarla, porque te necesito. ¿Entiendes?*

ESCÚCHALA

Escuchar a la persona que te altera, al principio de la conversación, la ayudará a escucharte a ti después. Por eso, no entres en el problema todavía; sólo haz referencia a él para darle contexto. Di algo como esto:

Quiero hablarte acerca de nuestra relación, en especial acerca de mi experiencia contigo cuando te enojas conmigo. Pero primero quiero entender cómo ves las cosas tú: si las ves de la misma manera, o si yo estoy haciendo algo que no ayuda.

Ahora espera. La persona que te altera debería sentir la gracia y el permiso que le estás extendiendo y debería presentar su punto de vista. No cometas el error de corregir su percepción en este momento. Eso no promueve tu misión; de hecho, puede hacerte perder terreno. Mantente en silencio y entiende su opinión. No estás poniéndote de acuerdo, sino escuchando. Sin embargo, no lo escuches eternamente. Algunas personas que alteran no poseen la estructura para detenerse. Por eso, cuando creas que ya dijo lo suficiente, di algo como esto:

Bueno, creo que entiendo el final de eso: Te enojas y te retraes a veces, porque el trabajo es complicado, pero piensas que yo reacciono exageradamente y no es tan terrible como digo. Y yo empeoro las cosas cuando me quejo y no dejo de molestarte. ¿Te refieres a eso?

Si la persona tiene algunos puntos válidos acerca de tu contribución al problema, ponte de acuerdo, discúlpate, y hazle saber que cambiarás. Di algo como esto: *Creo que tienes razón, que me quejo y no te dejo las cosas a ti. Puedo ver cómo eso empeora las cosas. Lo siento, trabajaré para mejorar eso.*

DECLARA EL PROBLEMA

Ahora, directa y simplemente, declara cuál es el problema y cómo te afecta a ti y a otros. Haz referencia a lo que puede verse, observarse e incluso medirse. Menciona comportamientos específicos que ilustren el problema: *Te enojas demasiado en casa. Anoche me gritaste cuando te pregunté por qué habías llegado tarde para la cena.*

DECLARA LOS EFECTOS DEL PROBLEMA

No sería un problema para ti si no te afectara de una manera negativa. Ahora dile a la persona que te altera cómo te afecta el problema a ti y a la relación. Cuanto más le demuestres cómo lo que ella hace lastima el «nosotros», más posibilidades tendrás de atravesar su resistencia. Aquí te presento un ejemplo:

Tus gritos me asustan a mí y a los niños. Anoche se despertaron. Y realmente me distancio de ti cuando lo haces. Me hacen encerrarme en mi misma, y no puedo soportarlo, aunque quiera. Luego, cuando ya no estás más enojado quiero estar cerca de ti pero me mantengo alejada porque mis sentimientos no han cambiado.

Aquí estas tratando de obtener empatía y compasión de parte de la persona acerca de cómo su comportamiento está lastimando a aquellas personas que ama y a aquellas relaciones que valora. Sin embargo, si es muy egoísta, temerosa o indiferente, tendrías que decir algo como: *Entonces, reconoces que te enojas irracionalmente y nos asustas a los niños y a mí y te alejas de nosotros. Pero también pareciera que dijeras que no te importa. ¿Quieres decir eso?*

A veces, el tener que apropiarse de una declaración como esa ayudará a la persona que te altera a ver lo que está haciendo.

APRÓPIATE DE TUS COSAS

Tal vez haya más cosas de tu parte de las que tengas que hacerte cargo, y que la otra persona no haya mencionado. Si ella no ha planteado esos temas, pero tú sabes que existen, toma la iniciativa para hablar sobre ellos:

Sé que he empeorado las cosas para ti y para nosotros. He hecho muchas cosas amenazadoras sin prestar atención. Puedo ver cómo confundí las cosas al querer decir algo y decir otra cosa. Por eso quiero que sepas que estoy consciente de esto. Lo siento, y quiero dejar de hacerlo.

SOLICITA UN CAMBIO

A continuación, di las cosas en las que quieres ver un cambio. No lo hagas muy complicado. ¿Quieres que la persona deje de hacer una cosa negativa o comience a hacer algo bueno a lo que se niega? Aquí hay algunos ejemplos:

—Quiero que dejes de enojarte tanto conmigo.

—Si estás enojado, hazme saber calmadamente qué es lo que está mal así podemos hablar sobre ello.

—Si en realidad estás muy enojado conmigo, sal a caminar o llama a alguien antes de hablar conmigo, así estarás más calmado cuando hablemos.

—Quiero que me hables sobre tu enojo y reconozcas que estás enojado antes de que comiences a culparme y a gritarme. De esa manera podemos tratar tu enfado, juntos.

Presta atención antes de tiempo a la posibilidad de que lo que deseas pueda ser algo que esté fuera del alcance de la habilidad de cambiar de la persona que te altera. La persona drogadicta tal vez no sea capaz de dejar la droga. La persona depresiva simplemente no pueda elegir ser feliz. Si este el caso, solicita algo que ayude a otorgarle poder a la otra persona para cambiar. Dile a la persona drogadicta que quieres que empiece un tratamiento. Dile a la persona depresiva que quieres llamar a un terapeuta esta semana. Volviendo al ejemplo del esposo enfadado, si siempre ha tratado sinceramente de controlar su enojo pero no lo ha logrado, dile que quieres hablar con un consejero o un pastor esta semana.

TRATA CON LA DESVIACIÓN

Prepárate para encontrar resistencia. La persona que te altera tal vez niegue, minimice, racionalice, o te culpe a ti por el problema. Esta es una señal de que tienes un segundo problema con el que tratar además del tema que estás planteando. Quédate en el juego. Existen algunos métodos que puedes utilizar para atravesar las desviaciones de tu mensaje.

ESCUCHA, LUEGO VUELVE AL RUEDO

Escucha la excusa o la culpa, pero luego vuélvete a concentrar en tu pedido de cambio: *Entiendo que piensas que no estarías enojado si no fuera por mí. Y me gustaría hablar sobre eso después. Pero quiero volver a mi pedido de que no estés tan enojado conmigo cuando llegas a casa.* Esto significa estar en control de ti mismo y de tu parte de la conversación. Durante el momento en que debías escuchar y apropiarte de las partes de la conversación, ya escuchaste, consideraste, y te disculpaste por cualquier cosa que hayas hecho.

CAMBIA EL CENTRO DE LA RESISTENCIA

Si luego de algunos intentos de volver a concentrarte en el conflicto, la otra persona no reconoce lo que está haciendo, trata de que vea su resistencia como el problema. Esto puede ser muy útil para ambos; y probablemente, de todas maneras, radique en el centro del mayor problema de tu relación. Di algo como:

En este momento me siento bastante indefensa. Cada vez que trato de mostrarte que tu enojo es un problema para mí, me culpas, me dices que estoy sobreactuando, pones excusas, o te enojas aún más. Esto no es productivo para ninguno de los dos. Me estoy dando cuenta de que no puedo hablar de los problemas contigo para poder resolverlos. Por eso muchos de nuestros problemas nunca se solucionan. No puedo creer que esto sea agradable para ti. ¿Podemos tratar con esto?

Otra táctica es trasladar la responsabilidad para recibir su respuesta. Di esto:

No funciona bien cuando te enfrento o te doy una respuesta. Sientes que yo estuviera siendo injusta, o que no te entiendo. No quiero que te sientas de esa manera, porque yo no soy así. Esto es lo que me gustaría: quiero que me digas cómo decirte la verdad de una manera que te sientas bien al escucharme.

APRENDE A ADVERTIR

La Biblia enseña que si varias personas van a otra con un problema, y esta no las escucha, habrá consecuencias y límites (Mateo 18:15-17; 1 Corintios 5:1-5). Trataremos más a fondo esto, en el capítulo 11. Pero antes de que establezcas límites, debes advertirle a la otra persona acerca de ellos.

COORDINACIÓN

Probablemente sea mejor no ir directamente a la advertencia hasta que hayas tratado algunas veces de solucionar las cosas hablando. Tal vez, también quieras traer personas de tu sistema de apoyo, como lo vimos en el capítulo ocho. Sin embargo, si todo lo demás falla, adviértele de los resultados. Puedes decir:

No estás reconociendo que tu enojo es un problema verdadero y serio. No voy a seguir hablando contigo sobre eso. Pero quiero que sepas que tampoco lo voy a tolerar, aunque insistas en que no lo estás haciendo. La próxima vez que me levantes la voz enojado, me voy a ir a la casa de Nicole por un tiempo. Y si continúas, voy a tomar otras decisiones hasta que des algún paso para detenerte.

Cuando estés advirtiendo, sé firme, fuerte y directo. Si no crees que puedes seguir, no lo digas. Primero, trabaja para estar fortalecido mediante las relaciones sanas y seguras, y luego, cuando estés preparado, haz la advertencia.

Recuerda que, por años, Dios nos ha estado diciendo que nos advirtamos unos a otros (Ezequiel 33:3). Es un don y una bendición darle a alguien una advertencia para cambiar. Puede ser lo que comience a traer vida a tu relación con la persona que te altera. Pero si la respuesta no es la que deseas, entonces es tiempo para las acciones que aparecen en el próximo capítulo.

MEJORAR LA VIDA

1. Planea la conversación que quieres tener. Escribe los pasos descriptos en este capítulo; luego escribe lo que puedes decir que se refiere a tu situación.

2. Practica la conversación con un buen amigo, un consejero u otra persona de tu grupo de apoyo.

CAPÍTULO 11

PROCEDE CON CONFIANZA

*Tienes poder en tu relación, del cual, tal vez no te
hayas dado cuenta*

Repetidas veces Tom le había pedido a su madre, Andrea, que dejara de llamar a su hijo adolescente, Matt, y le dijera cosas negativas y falsas acerca de él. Tom le advirtió que estaba haciendo peligrar la relación con todos ellos si no cesaba. Era tiempo de ir más allá de las palabras, a las acciones. Tom le dijo a su madre que su familia no tendría más contacto con ella hasta que no se disculpara y pidiera perdón. Andrea continuó llamando, pero Tom, su esposa, y Matt le decían: «Si no vas a disculparte, voy a colgar». Esto sucedió varias veces, y luego Andrea les escribió una carta en la que decía que iba a cortar todo contacto con ellos.

Pasaron dos años. Tom recibió un llamado de Andrea. Cuando él levantó el teléfono, ella dijo: «Siento mucho lo que hice. ¿Me perdonarías?».

A veces, se necesitan acciones para darle peso a tus palabras; son tu sexto recurso para manejar personas difíciles.

EL PODER DE TUS ACCIONES

Hay dos tipos de acciones que puedes tomar: Primero, límites; y luego, consecuencias.

Un límite define quién eres y quién no eres; por ejemplo: *Estoy a favor de que los dos tengamos libertad en nuestra relación, pero estoy en contra de que uno de los dos controle al otro*. También, cuál es tu responsabilidad y cuál no: *Me preocupo por ti, pero no soy responsable de tus acciones*. Puede definir lo que tolerarás y lo que no: *Estaré de acuerdo con que trabajes algunas horas extras cada semana, pero no voy a soportar que trabajes tanto y descuides a los niños*.

Si se ignora un límite, entonces, como vimos en el capítulo diez, una advertencia establece que si esto continua, va a suceder algo que no es agradable para la persona que lo hizo. Una consecuencia puede ser tanto la presencia de algo no deseado o la ausencia de algo deseado por la persona difícil.

DESCUBRE LAS CONSECUENCIAS APROPIADAS

La consecuencia de Andrea fue perder el contacto con Tom y su familia. La consecuencia no fue *perjudicial* para Andrea, aunque le trajo dolor. En cambio, tenía el doble propósito de proteger a la familia de su actitud de división y ayudarla a darse cuenta de que sus actitudes y su comportamiento estaban asociadas con los resultados. A continuación hay algunos principios para consecuencias eficaces.

REALIDAD NATURAL

Primero, cuando las consecuencias reflejan la vida real, es más probable que la persona que altera acepte que ella misma es la causa del malestar.

Dentro del área de trabajo, por ejemplo, una persona que es irresponsable con sus tareas y con las fechas de entrega perderá naturalmente los ascensos, experimentará disciplina y confrontación, y, tal vez, hasta pierda su trabajo. Cuanto más cercano a lo natural se encuentren las consecuencias, estarás más lejos del camino y será menos probable que seas objeto de culpa.

EL ASPECTO RACIONAL

Las consecuencias son también productivas cuando están a punto de perder la relación. Estamos diseñados por Dios para ser criaturas sociables. Por eso, cuando una conexión peligra, tiende a alertarnos.

Un hombre que conozco estaba enamorado de una mujer con la que había estado saliendo por un tiempo. Estaba preparado para estar solo con ella, pero ella no quería dejar de ver a otros dos hombres con los que también salía. Con el paso del tiempo, ella no quería tomar la responsabilidad de su problema y ver por qué quería seguir saliendo con los tres hombres a la vez. Entonces mi amigo finalmente le dijo: *Estoy saliendo adelante. Te amo, y no puedo seguir con esta incertidumbre. No me llames a menos que estés preparada para salir solo conmigo.* Él estaba guardando su propia vida y corazón.

La mujer lo llamó varias veces para mantenerse en contacto, pero mi amigo se mantuvo con la consecuencia y no le hablaba. Finalmente, la privación hizo que ella lo extrañara tanto que le aclaró que prefería más estar sin los otros dos hombres que estar sin él. Al final, se casaron. El poder de la pérdida de la relación no puede sobrestimarse.

SÉ COHERENTE CON LA GRAVEDAD

Cuando establezcas una consecuencia, no reacciones de forma exagerada o disminuida. El «tiempo» debe coincidir con el «crimen».

Si tu problema con la persona que te altera no es muy grave, establece una consecuencia menor. Por ejemplo, si repetidamente un marido no escucha a su esposa cuando quiere hablarle, y mira televisión, su esposa podría decirle que irá a caminar cuando llegue el momento de ayudar a los niños con la tarea.

Sin embargo, circunstancias más graves necesitan consecuencias más graves. Si un esposo o una esposa tiene una aventura amorosa y no se arrepiente, una separación establecida podría transmitir la importancia y el dolor de lo que él o ella ha hecho.

SACA PROVECHO DE TU PODER

Tienes poder en tu relación, del cual, tal vez no te hayas dado cuenta; porque la persona que te altera te necesita, necesita algo que tú tienes o provees. De otra manera, con los problemas que hay, ¿por qué continúa en la relación?

Esto no se trata de vengarse de la persona que te altera, sino de captar su atención para que establezca una relación entre su comportamiento y su malestar, y haga los cambios necesarios. Por ejemplo, una persona criticona crónica necesita de alguien que la escuche y preste atención a lo que dice. Una consecuencia basada en esa necesidad es negarse a estar presente cuando esté criticando.

A continuación, hay una lista parcial de cosas que quizá poseas o proveas, que la persona que te altera, aunque no lo admita, genuinamente desee o necesite:

- COCINAR, LIMPIAR, ORGANIZAR, O HACER LAS TAREAS DE LA CASA
- REPARAR LAS COSAS DE LA CASA
- HACER DEL HOGAR UN AMBIENTE AGRADABLE
- AYUDAR AL OTORGAR AMISTAD Y ACTIVIDADES SOCIALES
- RECURSOS ECONÓMICOS
- UN ENTORNO SOCIAL QUE LE AGRADA
- LAZOS FAMILIARES, QUE OTORGAN SENSACIÓN DE PERTENENCIA
- ACEPTAR SUS DEFECTOS
- CORDIALIDAD
- PRESENCIA EMOCIONAL
- PRESENCIA FÍSICA
- ESTRUCTURA PARA AYUDAR A ORGANIZARSE
- PLANIFICACIÓN PARA DARLE UN ENFOQUE A SU FUTURO

Entonces, a esta altura, quizá estés diciendo algo como esto:

Si no dejas de hacer X, perderás algunos beneficios de estar a mi lado. Los estaré ocultando para mantenerme a salvo, ya que no me siento cerca de ti o querida por ti, y porque espero que entiendas que estoy hablando en serio acerca de tu comportamiento, y no lo toleraré.

El tema de negar las relaciones sexuales debe analizarse cuidadosamente y junto a otras personas que estén maduras espiritualmente. La Palabra de Dios, en 1 Corintios 7:4-5, enseña que el hombre y la mujer no deben negarse el uno al otro, para protegerse de la tentación. Este es un principio bíblico muy importante.

Sin embargo, es importante entender cada pasaje en el contexto de todos los consejos de las Escrituras. Por ejemplo, el hombre es responsable de amar profunda y abnegadamente a su esposa (Efesios 5:25, 33). Si una mujer es presionada para tener relaciones cuando el esposo está siendo indiferente con los sentimientos de ella o la maltrata, la consecuencia de negarse a tener relaciones hasta que eso cambie sería apropiada. Esto es actuar en la realidad de cómo la sexualidad y las relaciones interactúan: la unión emocional fue diseñada por Dios para llevar a la unión sexual, no lo contrario.

LLEVAR A CABO

No existe un reemplazo para llevar a cabo la consecuencia. Es como cuando caminas o hablas.

MANTENTE CONECTADO CON OTROS

Recuerda que la persona que te altera no es la única con dependencias. Cuanto más cosas necesites de la persona que te altera, será menos probable que puedas continuar. Satisface tus necesidades a través de tu sistema de apoyo. Involúcrate en una iglesia que se encuentre en proceso y ayuda a personas con problemas. Asegúrate de que tus relaciones sanas y seguras estén disponibles cuando quieras ceder y olvidar las consecuencias.

INTENSIFICACIÓN NORMALIZADA

No te sorprendas si la persona que te altera aumenta el problema del comportamiento inicial. Si, en su enojo, se vuelve violenta o abusiva, debes protegerte y buscar más recursos. Pero si es seguro mantenerte con tu límite, la intensificación, a menudo, comienza a disminuir con el tiempo.

SABER CUÁNDO INTENSIFICAR

La mayoría de las veces, la persona que te altera no comenzará a realizar ningún cambio la primera vez que tú establezcas una consecuencia. Pero no te encierres rígidamente en un solo método. Continúa pellizcando hasta que encuentres la mejor combinación.

Un hombre que estaba llevando a la ruina la economía de la familia no prestaba atención a las advertencias de su esposa y de sus amigos. La primera consecuencia de su cónyuge fue separarse emocionalmente y pasar un tiempo lejos de él. Luego ella le pidió que fuera a un grupo de apoyo, lo cual él hizo. Pero después, sus hábitos económicos no estaban cambiando. Su esposa finalmente le pidió que se mudara hasta que comenzara a ser económicamente más responsable. Esto le preocupó mucho a él. La soledad, el aislamiento y la falta de cariño lo estaban angustiando mucho. Durante un tiempo, la culpaba de ser desamorada; pero finalmente accedió a llevar su economía a otros, en la iglesia, que pudieran ayudarlo.

SABER CUÁNDO AFLOJAR

¿Cómo determinar cuándo es el tiempo de liberar la consecuencia? Aquí van algunos consejos:

Cuando el cambio se acompañe de palabras. Debes insistir en que la persona en realidad haga las cosas de forma diferente: Comenzar a ser más responsable, dejar de criticar, dejar de tomar.

Cuando el cambio sea continuo. Esto no significa que no habrá errores y retrocesos. Pero un período de cambio continuo indicará que la persona verdaderamente está haciendo las cosas de forma diferente.

Cuando haya evidencia de un cambio de corazón. Es una buena noticia cuando una persona se lamenta del dolor que te ha causado a ti y a otros. Busca arrepentimiento y remordimiento auténticos.

Cuando entre en el proceso de crecimiento por sí misma. Dale mucho crédito a las intenciones de la persona que te altera si entra en alguna estructura para crecimiento personal y espiritual, como un grupo o terapia.

Cuando las personas en que confías estén de acuerdo. Tus relaciones sanas y seguras pueden ver las luces verdes que te pierdes o las luces rojas que no ves. Acepta su perspectiva.

Cuando Dios te hable. Mantente en sintonía con el Espíritu Santo; pídele constantemente a Dios guía y dirección. Él conoce mejor que nadie el corazón de la persona que te altera.

MEJORAR LA VIDA

1. Las consecuencias naturales no concuerdan con todas las situaciones. Por ejemplo, la persona drogadicta arriesga perder su salud y morir a causa del abuso de drogas. Una posible buena consecuencia podría ser la pérdida de apoyo de parte de sus mejores amigos y de su familia, a menos que acepte comenzar una rehabilitación. ¿Qué tipo de consecuencia es mejor para tu situación con la persona que te altera?

2. Busca y lee Deuteronomio 30:2-3. ¿Puedes pensar en algún límite y alguna consecuencia de la misma manera para tu persona difícil? Los límites y las consecuencias no son castigos; son expresiones de amor.

CAPÍTULO 12

COMPROMÉTETE CON EL PROCESO

*Continúa haciendo hoy todas las cosas que podrían marcar
una diferencia mañana*

El tiempo por sí sólo no sana ni cambia a una persona. El tiempo por sí sólo, en realidad, funciona para los fines de la persona que te altera. Si tú no haces nada y simplemente esperas a que ella cambie, ella puede esperarte pacientemente a ti, sin experimentar ninguna incomodidad.

Pero la clase correcta de tiempo —que es tiempo *más* crecimiento y acción— puede ser muy productiva. Por eso dale un enfoque activo al tiempo. Este es tu séptimo recurso: Tu compromiso con el proceso de continuar con tu relación a través del tiempo.

SÉ PACIENTE Y PERSISTENTE

Un acercamiento a una persona con un bajo nivel de reconocimiento de su comportamiento no debe mirarse como una actividad de un día, sino como un proceso. Muchas actividades intencionales se combinan con el tiempo para crear un ambiente que promueve el cambio.

Debes seguir adelante. Tal vez tengas que repetir tus conversaciones. Tal vez tengas que reestablecer límites. Casi tienes la garantía de experimentar más de una prueba de establecer y continuar con las consecuencias. La paciencia y la persistencia no son muy atractivas, pero muy pocas cosas valiosas en la vida suceden sin ellas.

TRATA CON LA DINÁMICA VÍCTIMA-PERSEGUIDOR

¿Qué causa que la persona que te altera grite como víctima? Si se debe a que no estabas de acuerdo con ella, a que la confrontaste, que le dijiste no o estableciste un límite, es sospechoso. Para ella, la gracia y el hacerlo a su manera significan amor; la verdad y la confrontación, odio.

Si ves esto en el proceso, no lo ignores. Es un problema de carácter y debe enfrentarse. Concéntrate en la resistencia de la persona que te altera como el problema, como lo describimos en el capítulo 10.

CONOCE QUÉ HACER CUANDO VEAS RESULTADOS

Hazle saber a la persona que te altera cuánto aprecias su esfuerzo. Demuéstrale que lo que ella valora en tu relación es ahora más aceptado debido a que está haciendo buenos movimientos y tomando buenas decisiones.

Aconsejé a una pareja cuyo matrimonio se encontraba en dificultades, en gran parte debido a que el esposo era muy defensivo y no quería reconocer sus culpas y sus debilidades. Un día él le dijo a su esposa: *Creo que te he molestado con la manera en que te he tratado.*

Su esposa le respondió: *Sí, lo has hecho. Pero en verdad es de gran ayuda el hecho de que lo hayas dicho: Gracias.* Ella no se acercó emocionalmente a él por completo, pero puedes estar seguro de que la temperatura entre ellos subió.

ACEPTA TANTO CAMBIOS GRADUALES COMO GRANDES PASOS HACIA ADELANTE

La mayoría de las veces, los grandes avances son el resultado de un gran trato de crecimiento invisible que ha estado sucediendo mediante la aplicación continua de los recursos correctos. Pero a veces también se pueden observar cambios pequeños y graduales: Un hijo adulto irresponsable es agradecido en lugar de ser demandante. Un amigo con carácter variable pide ayuda. Una persona que espiritualiza todo reconoce que tiene problemas en alguna área.

A veces, los patrones de comportamiento cambian aun antes de que la persona que te altera reconozca que ha estado fuera de control. Es muy importante saber esto, para que no te decepciones si observas cambios de comportamiento graduales sin una confesión o reconocimiento. A menudo, la confesión es lo que sigue cuando la persona continúa creciendo y se vuelve lo suficientemente humilde para enfrentar la verdad.

El cambio es bueno, sea que observes grandes avances o movimientos graduales. Reconoce las modificaciones de tu persona difícil y trabaja con tu grupo de apoyo en lo que parece estar funcionando y en el por qué. Continúa con el programa.

EL PODER SANADOR DEL DOLOR

Siempre existe la posibilidad de que tu persona difícil no tenga ningún cambio con el tiempo. Ciertamente, esa puede ser una gran pérdida para ti. Debes estar dispuesto a enfrentar tu tristeza y tus sueños perdidos. El dolor es un proceso que Dios diseñó para que sea él quien sane, el proceso que nos permite prepararnos para cosas buenas y nuevas.[1]

Tengo un amigo cuya esposa es una persona muy difícil. Ella es bastante infeliz y negativa e infecta a otras personas con la enfermedad. Han estado casados por mucho tiempo. Mi amigo la ha amado fielmente, aunque no le ha sido fácil. Y ha utilizado los recursos que vimos en este libro para promover el cambio; a veces, mucho; otras veces, poco. Pero si le preguntáramos a este hombre sobre su vida, estoy seguro de que respondería: «Tengo una buena vida». Él no siente que ella le haya robado su felicidad. Ha trabajado mucho en la capacidad de separarse de las partes dolorosas de ella para que no lo lastimen más. Él disfruta los buenos momentos que tienen. Tiene una fe profunda, está involucrado en la iglesia y ayuda a los menos afortunados. Tiene buenos amigos y muchos intereses. Se ha afligido y ha renunciado a lo que no puede obtener de su esposa, pero también se permite esperar que aún pueda haber un cambio.

NO RENUNCIES HASTA VER RESULTADOS

Cuando nace un bebé, lo primero que ve es la sonrisa en el rostro de su madre. El bebé absorbe la seguridad y el abrigo que ella siente. Cuando dos personas se casan, esperan esos tiempos en los que puedan sentarse juntos tranquilamente, sin necesitar palabras, bien a tono con la presencia del otro. Y en el último momento de nuestra vida, todos nosotros deseamos estar rodeados de las personas que más nos han importado, mientras sostienen nuestra mano y nos dicen palabras cariñosas y nos hacen pasar a las manos de Dios.

El diseño de Dios es que tu relación complicada pueda crecer y transformarse en una relación que provea amor y cuidado mutuo. Todos los recursos que tengas en cuenta para sostenerla tienen gran poder, debido a que son dados por Dios, que desea que todos nosotros nos volvamos a él y crezcamos a su imagen.

La persona que te altera se encuentra en tu vida, y tú en la de ella, por un propósito, y ese propósito siempre es crecimiento y redención. Al igual que tú, ella necesita gracia y perdón, como así también, límites y consecuencias. No cometas el error de verla como una maldición que debes llevar o una carga a la que debes sobrevivir.

Cuando me preguntan: *¿Cuándo tengo que renunciar a la esperanza de cambio de la persona que me altera?*, yo respondo: *Nunca, mientras viva. Renuncia a la demanda de que debe cambiar, pero continúa haciendo todas las cosas hoy que podrían marcar una diferencia mañana.* Esa es la manera de vivir con la clase de esperanza que Dios otorga: «Que el Dios de la esperanza los llene de toda alegría y paz a ustedes que creen en él, para que rebosen de esperanza por el poder del Espíritu Santo» (Romanos 15:13).

Dios nunca cesa de luchar, de tantas maneras diferentes, para que una raza complicada y caprichosa entre en comunión con él: «Caminaré entre ustedes. Yo seré su Dios, y ustedes serán mi pueblo»

(Levítico 26:12). Mientras camines en fe para cambiar y crecer en tu propia vida y para ayudar a cambiar a tu persona difícil, estarás tomando tu lugar en el gran plan y diseño de Dios. Es una buena manera de vivir.

¡Que Dios te bendiga!

MEJORAR LA VIDA

1. Comprométete a permanecer en el proceso descrito en este capítulo. Escribe tu compromiso y lo que te preocupa.

2. Agradece a Dios por utilizar a la persona que te altera para derribar tanto las cosas que puedas entender lo que realmente es importante en la vida y cómo darle a tu vida significado y propósito.

NOTAS

Capítulo 2: Entiende por qué las personas son difíciles

1. *Raising great kids* [Criemos grandes niños], Grand Rapids, Michigan, Zondervan, 1999.

2. Mi libro *Encierro voluntario,* Editorial Vida, 2004, trata con este proceso en detalle.

Capítulo 4: Deshazte de lo que no funciona

1. El libro de Henry Cloud, *Cambios que sanan,* Editorial Vida, 2003, posee un excelente trato de la división de la gracia y la verdad.

2. Si te das cuenta de que no eliges personas muy seguras, el libro de Henry y mío *Personas seguras,* Editorial Vida, 2004, explica cómo discernirlas.

Capítulo 6: Invita a Dios

1. Ver *Límites,* Editorial Vida, el libro de Henry Cloud y mío, acerca de estas y otras leyes de las relaciones y las responsabilidades.

Capítulo 8: Encuentra a otros que sean prudentes y sensatos

1. Las personas seguras quieren lo mejor para ti, incluso si significa experimentar algún disgusto actual para el éxito del futuro. Ver *Personas seguras,* Editorial Vida, 2004, para encontrar más acerca de relaciones seguras.

Capítulo 12: Comprométete con el proceso

1. Para más información acerca de la pena y sus beneficios, ver el capítulo 11 de *¿Cómo crecemos?*, Editorial Vida, 2005, de Henry Cloud y John Townsend.

CONOCE AL DR. JOHN TOWNSEND

El Dr. Townsend es psicólogo, conocido orador y autor de éxitos, y coautor de numerosos libros, incluyendo el premio Medallón de Oro, *Límites* y *Dios lo hará*. Es copresentador del programa radial emitido a nivel nacional *New Life Live!* y cofundador de Cloud-Townsend Clinic, en el sur de California. Posee un doctorado en psicología clínica de la Roseman Graduated School of Psychology, en Biola University.

DISFRUTE DE OTRAS PUBLICACIONES DE EDITORIAL VIDA

Desde 1946, Editorial Vida es fiel amiga del pueblo hispano a través de la mejor literatura evangélica. Editorial Vida publica libros prácticos y de sólidas doctrinas que enriquecen el caudal de conocimiento de sus lectores.

Nuestras Biblias de Estudio poseen características que ayudan al lector a crecer en el conocimiento de las Sagradas Escrituras y a comprenderlas mejor. Vida Nueva es el más completo y actualizado plan de estudio de Escuela Dominical y el mejor recurso educativo en español. Además, nuestra serie de grabaciones de alabanzas y adoración, Vida Music renueva su espíritu y llena su alma de gratitud a Dios.

En las siguientes páginas se describen otras excelentes publicaciones producidas especialmente para usted. Adquiera productos de Editorial Vida en su librería cristiana más cercana.

Vida®

Una vida con propósito

Rick Warren, reconocido autor de *Una Iglesia con Propósito*, plantea ahora un nuevo reto al creyente que quiere alcanzar una vida victoriosa. La obra enfoca la edificación del individuo como parte integral del proceso formador del cuerpo de Cristo. Cada ser humano tiene algo que le inspira, motiva o impulsa a actuar a través de su existencia. Y eso es lo que usted podrá descubrir cuando lea las páginas de *Una vida con propósito*.

0-8297-3786-3

Biblia de Estudio NVI

La primera Biblia de estudio creada por un grupo de biblistas y traductores latinoamericanos. Con el uso del texto de la Nueva Versión Internacional, esta Biblia será fácil de leer además de ser una tremenda herramienta para el estudio personal o en grupo. Compre esta Biblia y reciba gratis una copia de ¡Fidelidad! ¡Integridad!, una guía que le ayudará a aprovechar mejor su tiempo de estudio.

ISBN: 0-8297-2401-X

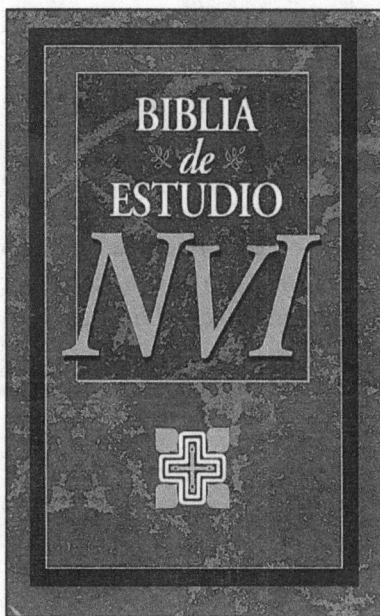

Nos agradaría recibir noticias suyas.
Por favor, envíe sus comentarios sobre este libro
a la dirección que aparece a continuación.
Muchas gracias.

Editorial Vida.com

Editorial Vida
Vida@zondervan.com
www.editorialvida.com